城市轨道交通职业教育系列教材——城市轨道交通运营管理
CHENGSHI GUIDAO JIAOTONG ZHIYE JIAOYU XILIE JIAOCAI
CHENGSHI GUIDAO JIAOTONG YUNYING GUANLI

城市轨道交通车站设备工作页

张 娜　刘思雨 ○ 编著

西南交通大学出版社
·成都·

```
图书在版编目（CIP）数据

城市轨道交通车站设备工作页 / 张娜，刘思雨编著.
—成都：西南交通大学出版社，2017.8
  城市轨道交通职业教育系列教材. 城市轨道交通运营
管理
  ISBN 978-7-5643-5628-6

  Ⅰ. ①城… Ⅱ. ①张… ②刘… Ⅲ. ①城市铁路 – 车
站设备 – 职业教育 – 教材 Ⅳ. ①U239.5

  中国版本图书馆 CIP 数据核字（2017）第 179980 号
```

城市轨道交通职业教育系列教材——城市轨道交通运营管理

城市轨道交通车站设备工作页

张　娜　刘思雨　编著

责任编辑	罗在伟
助理编辑	宋浩田
封面设计	何东琳设计工作室

出版发行	西南交通大学出版社 （四川省成都市二环路北一段 111 号 西南交通大学创新大厦 21 楼）
邮政编码	610031
发行部电话	028-87600564
官网	http://www.xnjdcbs.com
印刷	成都中铁二局永经堂印务有限责任公司

成品尺寸	185 mm×260 mm
印张	7.5
字数	178 千
版次	2017 年 8 月第 1 版
印次	2017 年 8 月第 1 次
定价	28.00 元
书号	ISBN 978-7-5643-5628-6

课件咨询电话：028-87600533
图书如有印装质量问题　本社负责退换
版权所有　盗版必究　举报电话：028-87600562

前　言

《城市轨道交通车站设备》是一门理论性和实践性都较强的课程，由于传统教学模式采用的是理论与实践相分离的做法，容易出现理论与实践互相脱节的现象，不利于学生技能的训练和职业素养的养成。

该教材是以"典型工作任务"为背景进行任务提炼编写而成，侧重对城市轨道交通运营管理人员工作技能的训练和职业素养的养成。全书按照一体化教学步骤进行，包含资讯准备、计划决策、任务实施、检查评价、任务总结等环节，通过基础知识储备引导学生独立完成学习任务。

本教材重在体现"学生为主，教师为辅"的教学理念，将教师从台前知识讲授，转为幕后指导学生完成作业，让学生在完成任务的同时体验"学习即工作，工作即学习"的乐趣。

在课堂教学上，建议使用分组教学法，让学生模拟站务人员，根据各自的岗位职责完成相关任务，如厅巡人员、站台人员、售票员、客运值班员、行车值班员、值班站长、站长等职务。利用任务的学习，加强学生对工作岗位的认知，培养学生的职业素养能力。

本书可作为高职高专城市轨道交通运营管理专业的教学配套用书，配合《城市轨道交通车站设备》教材使用。

全书由青岛市技师学院张娜、刘思雨共同编著。青岛市技师学院张娜编写第二、三、四章；青岛市技师学院刘思雨编写第一、五、六章。

由于编者水平所限，书中难免有缺点和错误，恳请读者批评指正。

编　者
2017 年 4 月

目 录

项目一　城市轨道交通线路与车站 ·· 1
　　任务一　线路与车站概述 ··· 1
　　任务二　校园地铁道岔编号及绘制 ····································· 6
　　任务三　人工排列进路——手摇转换道岔 ······························· 10

项目二　城市轨道交通自动售检票系统 ······································ 19
　　任务一　自动售检票系统概述 ··· 19
　　任务二　自动售票机的结构组成及拆装 ································· 24
　　任务三　闸机的结构组成及拆装 ······································· 30
　　任务四　半自动售票机的组成及拆装 ··································· 36

项目三　城市轨道交通消防系统 ·· 42
　　任务一　车站消防系统概述 ··· 42
　　任务二　自动灭火系统 ··· 49
　　任务三　地铁车站火灾自救与逃生技巧 ································· 54

项目四　城市轨道交通车站监控系统 ·· 61
　　任务一　环境与设备监控系统的认知 ··································· 61
　　任务二　综合后备控制盘（IBP） ····································· 66
　　任务三　通过 IBP 盘实现火灾时设备的紧急控制 ························ 72

项目五　城市轨道交通自动扶梯及电梯系统 ·································· 78
　　任务一　自动扶梯结构及运行方向 ····································· 78
　　任务二　车站电梯系统 ··· 82
　　任务三　自动扶梯及电梯系统的日常操作及应急事故处理方法 ············· 86

项目六 城市轨道交通车站机电设备 ·· 93
 任务一 低压配电及照明系统 ·· 93
 任务二 防淹门系统 ·· 99
 任务三 站台安全门系统概述 ··· 104
 任务四 安全门的日常操作及应急事故处理方法 ·························· 109

参考资料 ·· 114

项目一　城市轨道交通线路与车站

任务一　线路与车站概述

班级		学习小组	
姓名		参考学时	

【实践性工作任务描述】

　　城市轨道交通线路是城市轨道交通车辆运行的基础，而车站是集散客流为乘客服务的基本设施。车站站务人员一般在车站站厅、站台担任服务岗位，需熟悉线路的铺设方式、组成部分及车站的分类、组成部分。地铁线路的合理规划，能够保证地铁车辆的行车安全，有效地提高地铁车辆的利用效率，同时缓解客流高峰期带来的运营压力。作为站务人员，需要熟悉地铁线路的组成和分类，并能在知识储备的基础上，根据实际情况完成校园地铁典型线路的设计，加深对地铁运营的整体认识。

【知识技能要求】

1. 能够掌握城市轨道交通线路的空间设置形式。
2. 能够掌握线路主要组成部分。
3. 了解道岔的分类及单开道岔各组成部分。
4. 了解城市轨道交通车站的分类、组成部分及站台形式。

资讯准备阶段：知识储备&任务描述

【基础知识储备】

1. 简述城市轨道交通线路的 3 种空间设置方式及各自特点。

2. 简述城市轨道交通线路下部基础及上部建筑的组成部分。

3. 画出岛式站台、侧式站台、混合式站台的图型并说明这三种站台的优缺点。

4. 请绘制单开普通道岔并标注其组成部分。

5. 城市轨道交通车站设计原则有哪些。

【任务描述】
设置校园地铁线路的布局。
（一）任务描述
校园地铁在运营过程中，要满足车辆的折返、调度、停车、维修等需求，现要求同学们根据校园的实际情况完成校园地铁典型线路的设计。通过小组讨论完成双线折返线、站前折返渡线、站后折返渡线、停车线的设计，并绘制线路设计图。
要求：提交PPT一份、校园地铁线路设计图一份。
（二）实践规则
1. 任务演示过程在实训基地完成，演示环节涉及的主要内容有：

计划决策阶段：任务实施与方案制定	（1）设备及场地：工务线路实训室、纸、笔。 （2）人员安排：4~6名学生一组。 2. 考核评价。 依据考核评价表中内容进行考核。
	【信息查阅及资源获取】 1. 参考《城市轨道交通车站设备》中的相关内容。 2. 参照《地铁设计规范》（GB 50157-2013）的第六部分线路。 3. 参考《城市轨道交通线路和车站》PPT
	【教师任务指导方向】 1. 通过"基础知识储备"学习本任务应掌握的知识要点。 2. 城市轨道交通线路的空间设置形式。 3. 城市轨道交通车站的分类、组成部分及站台形式。
	以小组为单位，在掌握城市轨道交通线路组成及分类的基础上，根据工作页上的提示，完成双线折返线、站前折返渡线、站后折返渡线、停车线在本小组设计图中的位置选取任务，并分别画出局部线路示意图（包含站点位置、类型、功能实现等）。 时间：40 min。 典型线路站点选择：
任务实施阶段	【实施要求】 根据讨论的结果和绘制的线路图，小组选派代表阐述本小组的设计思路、要点，展示本小组绘制的校园地铁典型线路的示意图。 小组阐述时，其余各组认真听讲并做好记录，各小组依次汇报。 时间：_____　　　　　地点：_____ 实施过程注意事项：_____ 实施过程记录另附。

	通过个人工作页的完成情况及任务成果的小组展示，完成本次学习任务的检查与评价，具体考核标准参照考核表。						
检查评价阶段	**校园地铁典型线路设计任务考评表**						
	【考核目标】 1. 熟悉线路的组成。 2. 掌握线路的设计原则。 3. 培养学生职业素养能力。						
		考核项目	考核标准	分值	自评 20%	互评 30%	师评 50%
	专业能力	典型线路选择	双线折返线	10			
			站前折返渡线	10			
			站后折返渡线	10			
			停车线	10			
		线路绘制示意图	线路设置是否符合原则	20			
		小组成绩展示	汇报内容是否准确、可行	10			
	职业素养能力	人际沟通能力	是否具备站务人员与他人沟通交流的能力	10			
		团队合作能力	是否具备团队合作意识，是否与他人合作良好	10			
		地铁服务意识	安全、准确、高效率、重服务品质的服务意识，严谨、认真、细致的职业素质	10			
	合计						

小组讨论并总结：

指导老师评价：

任务完成人签字：

　　　　　　　　　　　　　　　　　　　　　　　　日期：　　年　月　日

指导老师签字：

　　　　　　　　　　　　　　　　　　　　　　　　日期：　　年　月　日

任务总结阶段	1. 掌握了哪些技能（知识）。
	2. 是否完成了预先制订的目标。
	3. 任务实施过程中的收获及经验教训。

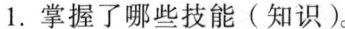【资料拓展】

车站线路设计规范（《地铁设计规范》GB 50157—2013 摘录）

6.1.1 地铁线路应按其运营中的功能定位，分为正线(干线与支线)、配线和车场线。配线应包括车辆基地出入线、联络线、折返线、停车线、渡线、安全线。

6.1.2 地铁选线应符合下列规定：

1. 应依据线路在城市轨道交通规划线网中的地位和客流特征、功能定位等，确定线路性质、运量等级和速度目标；

2. 地铁线路应以快速、安全、独立运行为原则。当有条件时，也可根据需要在两条正线之间或一条线路上干线与支线之间，组织共线运行；

3. 支线在干线上的接轨点应设在车站，并应按进站方向设置平行进路；接轨点不宜设在靠近客流大断面的车站；

4. 地铁线路之间交叉，以及地铁线路与其他交通线路交叉时，必须采用立体交叉方式；

5. 地铁线路应符合运营效益原则,线路走向应符合城市客流走廊,应有全日客流效益、通勤客流规模、大型客流点的支撑；

6. 地铁选线应符合工程实施安全原则，宜规避不良工程地质、水文地质地段，并宜减少房屋和管线拆迁，宜保护文物和重要建、构筑物，同时应保护地下资源；

7. 地铁线路与相近建筑物距离应符合城市环境、风景名胜和文物保护的要求。地上线必要时应采取针对振动、噪声、景观、隐私、日照的治理措施，并应满足城市环境相关的规定；地下线应减少振动对周围敏感点的影响。

任务二　校园地铁道岔编号及绘制

班级		学习小组	
姓名		参考学时	

【实践性工作任务描述】

地铁线路的道岔，对于地铁网来说是至关重要的，我们用它引导地铁选择路线或者使两条线路形成交叉。简单来说，这是允许我们创造多线路地铁网络的节点，来满足车辆的折返、调度、停车、维修等需求。同时由于道岔具有数量多、构造复杂、使用寿命短、限制列车速度、行车安全性低、养护维修投入大等特点，岔道与曲线、接头并称为轨道的三大薄弱环节。作为站务人员，熟练掌握地铁道岔的结构和编号，是实际工作的必然要求。

【知识技能要求】

1. 掌握轨道交通采用的道岔结构的分类。
2. 识别各种线路，并能够按规则对线路和道岔进行编号。
3. 选择本小组设计中有代表性的折返线，完成该线的道岔绘制。

资讯准备阶段：知识储备&任务描述

【基础知识储备】

1. 城市轨道交通道岔的作用及重要性。

2. 画出单开道岔的线路图，并指明各部分名称。

3. 城市轨道交通道岔的构成及工作原理。

4. 城市轨道交通线路上、下行区分及编号原则。

【任务描述】

道岔编号。

（一）任务描述

道岔是机车车辆从一股轨道转入或越过另一股轨道时必不可少的线路设备，是铁路轨道的一个重要组成部分。在校园地铁的设计过程中，合理设计的道岔可以充分发挥线路的通过能力。现要求同学们根据道岔的专业知识对本小组设计的线路、道岔按规则编号，同时选择有代表性的折返线，完成对该线的道岔绘制。

要求：提交 PPT 一份，道岔绘制图一份。

（二）实践规则

1. 任务演示过程在轨道交通学院实训基地工务线路实训室完成。
（1）设备及场地：工务线路实训室、纸、笔。
（2）人员安排：4~6 名学生一组。
2. 考核评价。
依据考核评价表中内容进行考核。

计划决策阶段：任务实施与方案制定

【信息查阅及资源获取】

1. 查阅《城市轨道交通车站设备》第二章。
2. 参照《股道与道岔编号规则》。
3. 参考《地铁线路知识》道岔部分。
4. 观看《铁路道岔工作原理》视频。

【教师任务指导方向】

1. 通过"基础知识储备"学习本任务应掌握的知识要点。
2. 及时指出学生在计划决策过程中的不当之处并给予建议。

【学生任务方案制定】

以小组为单位，在掌握我国轨道交通道岔的专业知识的基础上，能够按照规则对小组已完成的路线图中的线路和道岔进行编号，并进行道岔结构的分类。同时选择出本小组任务设计中具有代表性的一条折返线，完成对该线的道岔结构图的绘制（完成后分组进行讲解）。

时间：40 min。

任务实施阶段	**【实施要求】** 　　根据小组讨论，完成对本小组设计图中的线路和道岔的编号任务，并对道岔结构进行分类，选取一条有代表性的折返线，绘制出该线中道岔结构图。小组选派代表讲解本小组线路和道岔的编号，展示所绘制的道岔结构图。 　　小组阐述时，其余小组认真听讲并做好记录，各小组依次汇报。 时间：_____　　　　地点：_____ 实施过程注意事项：_____ 实施过程记录另附。
检查评价阶段	通过个人工作页的完成情况，及任务成果的小组展示，完成本次学习任务的检查与评价，具体考核标准参照考核表。

<table>
<tr><td colspan="7">校园地铁道岔编号及绘制设计任务考评表</td></tr>
<tr><td colspan="7">【考核目标】
1. 熟悉道岔的组成。
2. 掌握道岔编号的方法。
3. 培养学生职业素养能力。</td></tr>
<tr><td colspan="2">考核项目</td><td>考核标准</td><td>分值</td><td>自评
20%</td><td>互评
30%</td><td>师评
50%</td></tr>
<tr><td rowspan="6">专业能力</td><td rowspan="4">线路道岔编号及分类</td><td>双线折返线</td><td>10</td><td></td><td></td><td></td></tr>
<tr><td>站前折返渡线</td><td>10</td><td></td><td></td><td></td></tr>
<tr><td>站后折返渡线</td><td>10</td><td></td><td></td><td></td></tr>
<tr><td>停车线</td><td>10</td><td></td><td></td><td></td></tr>
<tr><td>道岔结构图的绘制</td><td>符合设计要求</td><td>20</td><td></td><td></td><td></td></tr>
<tr><td>小组成绩展示</td><td>汇报内容是否准确、可行</td><td>10</td><td></td><td></td><td></td></tr>
<tr><td rowspan="3">职业素养能力</td><td>人际沟通能力</td><td>是否具备站务人员与仓人沟通交流的能力</td><td>10</td><td></td><td></td><td></td></tr>
<tr><td>团队合作能力</td><td>是否具备团队合作意识，是否与他人合作良好</td><td>10</td><td></td><td></td><td></td></tr>
<tr><td>地铁服务意识</td><td>安全、准确、高效率、重服务品质的服务意识，严谨、认真、细致的职业素质</td><td>10</td><td></td><td></td><td></td></tr>
<tr><td colspan="2">合计</td><td></td><td></td><td></td><td></td><td></td></tr>
</table>

小组讨论并总结：

任务总结阶段	指导老师评价：	
	任务完成人签字：	日期： 年 月 日
	指导老师签字：	日期： 年 月 日
	1. 掌握了哪些技能（知识）。	
	2. 是否完成了预先制订的目标。	
	3. 任务实施过程中的收获及经验教训。	

【资料拓展】

轨道结构组成

　　轨道作为地铁线路的重要组成部分，是一个整体性的工程结构，它由钢轨、轨枕、联结零件、道床、防爬设备和道岔等主要部件组成。轨道通常由两条平行的钢轨组成。钢轨固定放置在轨枕上，轨枕之下为道床。联结零件在钢轨和钢轨之间以及钢轨和轨枕之间起着一个联结作用。

　　轨道主要分为：无缝线路、宽轨枕线路、整体道床线路和板式轨道。

青岛地铁正线、配线及车辆段试车线钢轨通常采用 60 kg/m 钢轨及 9 号道岔，车辆段其他线路通常采用 50 kg/m 钢轨及 7 号道岔，不同类型的钢轨采用异型钢轨连接。7 号道岔侧向允许通过最大速度 25 km/h，9 号道岔侧向允许通过最大速度为 35Km/h，12 号道岔侧向允许通过最大速度为 50 km/h。

任务三　人工排列进路——手摇转换道岔

班级		学习小组	
姓名		参考学时	

【实践性工作任务描述】

城市轨道交通车站站务员一般在站厅、站台担任服务岗位，在站台区域工作室，除服务性工作外还需承担部分行车相关工作，需具备熟练操作站台行车设备、工具和器具的能力以及人工排列进路等工作技能。本任务主要介绍站务员行车相关职责。通过本任务的学习，学生能够在信号设备出现故障时配合值班站长、行车值班员人共同排列进路。

【知识技能要求】

1. 掌握道岔的结构组成及功能。
2. 熟悉转辙机的工作原理。
3. 了解联锁设备常见故障。
4. 了解联锁设备出现故障的人工转换道岔的应急处理流程。

资讯准备阶段：知识储备＆任务描述

【基础知识储备】

1. 简述站务员有哪些行车相关职责。

2. 道岔故障的情况主要有哪些。

3. 简述道岔的组成部分及各部分的主要功能。

4. 写出手摇道岔"六部曲"的流程及注意事项。

【任务描述】
人工排列进路——手摇转换道岔。
（一）任务描述
2017年3月27日下午13时40分，青岛地铁3号线李村站下行线信号联锁设备发生故障，列车运行进路需要车站人员现场进行人工排列，对P1802号道岔进行人工手摇道岔作业。现要求当班班组进入轨行区，按照规范程序操作。保证行车安全。
（二）任务要求
1. 查阅各城市轨道交通人工转换道岔的管理规定，按照其规定进行操作。
2. 实训过程应在具有道岔设备的实训室内进行。
3. 通过此次任务练习，让学生熟悉人工转换道岔的操作方法。
4. 注重考查学生对知识的运用是否灵活，要求学生掌握相关的岗位职责，及联锁设备故障下的应急预案的处理流程。
（三）实践指导
1. 任务演示过程在实训基地完成，演示环节涉及的主要内容有：
（1）设备及场地：工务线路实训室。实训设备：单开道岔、转辙机等。工具：手摇把、钩锁器、扳手、端门钥匙、道岔钥匙、对讲机、信号旗/灯、红闪灯、安全帽、荧光衣、绝缘鞋、铜锁及钥匙、手套、手电筒和接触轨区域安全行走线路图。
（2）人员安排：4名学生一组。
2. 考核评价。
依据考核评价表中内容进行考核。

计划决策阶段：任务实施与方案制定	【信息查阅及资源获取】 1. 参考《城市轨道交通车站设备》中与车站线路相关的内容。 2. 参考《手摇道岔准备进路实操考核》内容。 3. 观看人工转换道岔操作视频。	
	【教师任务指导方向】 1. 通过"基础知识储备"学习本任务应掌握的知识要点。 2. 城市轨道交通转辙机的结构组成及各部分工作原理。 3. 城市轨道交通人工转换道岔流程。 4. 带领学生熟悉实训场地与工具设备：手摇把、钩锁器、扳手、端门钥匙、道岔钥匙、对讲机、信号旗/灯、红闪灯、安全帽、荧光衣、绝缘鞋、铜锁及钥匙、手套、手电筒和接触轨区域安全行走线路图。	
	【学生任务方案制定】 以小组为单位，根据工作页上的提示完善表格（包含岗位、处理步骤、使用工具、标准用语等）。	

小组成员分工表

厅巡岗	站台岗	票务岗	值班员（行值/客值）	值站	站长

车站岗位职责内容描述	
厅巡岗	
站台岗	
票务岗	
行车值班员	
客运值班员	
值站	
站长	

【实施要求】

根据制定的流程，分组在实训场地利用现场工务线路设备完成当班任务，体验完整工作过程。一组完成后，依次演练。其余各组观摩小组的展示过程，并记录。

手摇道岔准备进路实操流程

顺号	项目	内　　容	分值	标准用语
1	接收命令	接车控室进路布置命令后复诵	5	
2	准备工作	接令后携带有关备品（手摇把、钩锁器、扳手、端门钥匙、道岔钥匙、对讲机、信号旗/灯、红闪	5	

		灯、安全帽、荧光衣、绝缘鞋、铜锁及钥匙、手套、手电筒和接触轨区域安全行走线路图赶赴现场）			
	进入轨行区				
3		进入轨行区前请示行调（或通过车控室请示）	5		
4	手摇道岔	一看：看道岔开通位置是否正确，是否需要改变位置	15		
5		二开：打开盖孔板及钩锁器的锁，拆下钩锁器	10		
6		三摇：摇道岔转向所需的位置，在听到"咔嚓"的落槽声后停止	15		
7		四确认：手指尖轨："尖轨密贴开通×位"，并共同确认	10		
8		五加锁：确认道岔位置开通正确后，用钩锁器锁定道岔尖轨	10		
9		六汇报：向车控室（或行调）汇报道岔开通位置正确	10		
10	线路出清	线路出清后向车控室（或行调）汇报	5		

检查评价阶段

通过个人工作页的完成情况，及任务成果的小组展示，完成本次学习任务的检查与评价，具体考核标准参照考核表。

人工排列进路——手摇转换道岔考核评价表

【考核目标】
1. 掌握道岔的结构组成及功能。
2. 了解联锁设备常见故障。
3. 了解联锁设备出现故障的人工转换道岔的应急处理流程。
4. 具备扎实的基础知识和良好的职业素养。

序号	项目	内容	分值	扣分标准	分数	
					扣分	扣分原因
1	接收命令	接车控室进路布置命令后复诵	5	（1）未复诵扣2分 （2）复诵错误2分 （3）复诵不完整扣1分 （4）用语不标准扣1分		
2	准备工作	接令后携带有关备品（手摇把、钩锁器、扳手、端门钥匙、道岔钥匙、对讲机、信号旗/灯、红闪灯、安全帽、荧光衣、绝缘鞋、铜锁及钥匙、手套、手电筒和接触轨区域安全行走线路图赶赴现场）	5	漏带一项扣2分		

3	进入轨行区	进入轨行区前请示行调(或通过车控室请示)	5	（1）未请示就进入轨行区扣5分 （2）未穿好荧光衣就进入轨行区扣1分；（如荧光衣穿戴不规范） （3）进入轨行区后未及时关闭屏蔽门扣5分		
4	手摇道岔	一看：看道岔开通位置是否正确，是否需要改变位置	15	（1）到达所摇道岔位置未向车控室(或行调)报告扣2分 （2）手摇道岔前未放置红闪灯扣4分。红闪灯漏设，扣2分/处；红闪灯位置设置不正确，扣1分/处 （3）未确认道岔开通位置是否正确，扣3分 （4）道岔位置判断开始错误后纠正，扣2分/人次 （5）道岔位置判断错误没有纠正但后续人工转换正确，扣3分/次 （6）未检查道岔辙岔心及道岔区轨面上、道岔尖轨与基本轨之间空隙是否有异物，扣5分；检查清除异物不彻底扣3分 （7）道岔尖轨与基本轨之间空隙有杂物，未断电就清除，扣2分 （8）未检查道岔上是否有钩锁器，扣3分；道岔无钩锁器但未口呼确认，扣1分		
5		二开：打开盖孔板及钩锁器的锁，拆下钩锁器	10	（1）道岔上有钩锁器，未开锁及拆下钩锁器就开始转换道岔，扣3分 （2）操作不熟练（未能快速准确打开遮断器），扣2分		
		三摇：摇道岔转向所需的位置，在听到"咔嚓"的落槽声后停止	15	（1）手摇把插错孔，扣4分 （2）手摇把不能一次插入手摇把孔扣2分 （3）手摇把转动方向初次错误后迅速纠正，扣1分，很长时间才纠正扣3分		

14

	6	手摇道岔			（4）转动方向正确，但手摇把未往里压紧导致空转而转辙机长时间未动作，扣1分		
					（5）道岔转换未到位（或无"咔嚓"声），扣3分；听到"咔嚓"落槽声，但未口呼确认，扣1分		
					（6）未摇岔人员未做安全防护工作，扣1分；错误使用信号旗进行防护扣1分		
					（7）未摇岔人员未监视摇岔过程，或发现道岔位置转动错误未提醒扣2分		
					（8）两人配合较差，扣1分		
					（9）手摇把插错孔，扣4分		
					（10）手摇把不能一次插入手摇把孔扣2分		
	6	手摇道岔	四确认：手指尖轨："尖轨密贴开通×位"，并共同确认	10	（1）未确认开通位置扣3分；确认时未口呼，扣1分/人		
					（2）未确认尖轨是否密贴，扣3分；确认时未口呼，扣1分/人		
					（3）确认时道岔位置说错，扣2分/人次		
					（4）未做到双人确认，扣3分		
					（5）确认时道岔位置先说错后纠正扣1分/人次		
					（6）确认时用语不标准扣1分/人次		
					（7）确认时动作不标准扣1分/人次		
	7		五加锁：确认道岔位置开通正确后，用钩锁器锁定道岔尖轨	10	（1）钩锁器加的位置不正确，扣3分		
					（2）加锁不紧，扣2分		
					（3）只挂不锁扣3分		
					（4）操作不熟练扣1分		
	8		六汇报：向车控室（或行调）汇报道岔开通位置正确	10	未汇报，扣10分。		
					（1）汇报时，未说明道岔号码、道岔开通的位置、是否加锁等，每缺一项扣2分		

				（2）未按照"由远及近"原则手摇道岔扣5分		
9	线路出清	线路出清后向车控室（或行调）汇报	5	未撤除红闪灯，扣5分		
				遗漏物品在现场扣5分		
				线路未出清就汇报线路出清扣5分		
				现场作业人员未汇报线路出清扣5分；汇报不及时，扣2分		
10	外在表现	站姿，精神状态，相互配合	10	要求精神饱满，相互配合默契，否则扣1~5分		
总成绩						

小组讨论并总结：

指导老师评价：

任务完成人签字：

日期：　　年　月　日

指导老师签字：

日期：　　年　月　日

任务总结阶段

1. 掌握了哪些技能（知识）。

2. 是否完成了预先制订的目标。

3. 任务实施过程中的收获及经验教训。

【资料拓展】

应急处理流程

应急处置流程，主要有五个流程：判、报、人、法、图。其中，判是指故障判断，报是指信息通报，人是指资源整合，法是指应急预案，图是指运营组织。

当发生突发事件时，调度员通过望、闻、问、切来收集和判断信息。

（一）望——观察

故障发生后，调度员应通过各种方法及时了解事故现象和状态，养成用心观察的意识和习惯。调度员可通过调度设备的报警信息来掌握异常情况，调用CCTV监控屏观察现场状态等。

（二）闻——倾听

调度员在与现场人员沟通过程中，要集中精力、及时记录、认真反馈，养成边听、边记、边想、边说的工作习惯。调度员接到现场信息时，及时对重要内容进行复诵，做好信息的核对，同时也能使其他调度员了解信息，给予配合。

（三）问——提问

对现场汇报的各种信息，调度员通过提问来对信息进行甄别、筛选，最终得到能够支撑应急决策的真实、全面的信息。

能够作为调度决策依据的信息有：位置和状态（列车车次、故障地点、异物性质与状态等）；故障现象（开关是否跳闸、指示灯是否正常、信号设备故障现象等）；故障处理（需如何处理或现场做了哪些处理、预计处理时间、需要什么配合等）；故障影响（列车能否缓解或启动、异物是否影响行车、列车运行是否需要限速等）。

（四）切——判断

调度员通过观察、倾听、提问，收集真实、全面、有效的现场信息后，对故障、事件做出准确的判断（故障类型、影响的范围、预计影响的时间等）。

准确的判断是建立在调度员对现场情况与设备性能知识的全面掌握，对收集的信息具备甄别、分析并做出预判的能力。

项目二　城市轨道交通自动售检票系统

任务一　自动售检票系统概述

班级		学习小组	
姓名		参考学时	

【实践性工作任务描述】

　　城市轨道交通站务人员一般在车站站厅、站台担任服务岗位，需具备熟练操作自动售检票系统设备的工作技能，并熟悉自动售检票系统设备常见故障的检修排查。本工作任务的设计旨在提高学生对自动售检票系统的认知，提高学生的动手实践能力。

【知识技能要求】

1. 能够掌握自动售检票系统的组成及作用。
2. 能够绘制出自动售检票系统分层图。
3. 了解自动售检票系统的发展历史及其重要性。
4. 了解自动售检票系统常见故障，能够进行 AFC 设备的日常维护。

资讯准备阶段：知识储备＆任务描述

【基础知识储备】

1. 简述 AFC 系统设备的发展历史，该设备最先是由哪个国家提出使用的？

2. 简述为什么 AFC 系统设备在城市轨道交通中能够得到推广？

3. AFC 系统包含哪些设备终端？

4. 简述 AFC 系统设备各模块的作用都有哪些。

5. 绘制出 AFC 系统分层图，并说明各层的设备组成及功能。

6. AFC 系统设备的布置原则有哪些。

【任务描述】

设置地铁车站自动售检票设备的布局。

（一）任务描述

在理论学习 AFC 系统后，学习并参观某一地铁车站，了解该站自动售检票机，进/出站闸机和半自动售票机的布置规则。根据 AFC 系统的布置原则，以及该车站的地理位置等因素进行综合考虑，进行车站的 AFC 系统设置，并注明设计原因。

要求：提交 PPT 一份，AFC 系统布局设计图一份。

（二）实践规则

1. 任务演示过程在实训基地完成，演示环节涉及的主要内容有：
（1）设备及场地：实训基地大空间、纸、笔。
（2）人员安排：4~6 名学生一组。
2. 考核评价

依据考核评价表中内容进行考核。

【信息查阅及资源获取】

1. 复习《城市轨道交通概论》中与自动售检票相关的章节内容。
2. 参考《城市轨道交通车站设备》中的相关内容。
3. 浏览地铁官方网站，熟悉地铁车站内容及自动售检票系统的布置原则。

【教师任务指导方向】

1. 通过"基础知识储备"学习本任务应掌握的知识要点。
2. 城市轨道交通自动售检票系统的组成及各部分结构。
3. 城市轨道交通自动售检票系统的布置原则。

【学生任务方案制定】

以小组为单位，根据工作页上的提示完善表格（包含岗位、处理步骤、使用工具、标准用语等）。

小组成员分工表					
厅巡岗	站台岗	票务岗	值班员（行值/客值）	值站	站长

车站岗位职责内容描述	
厅巡岗	
站台岗	
票务岗	
行车值班员	
客运值班员	
值站	
站长	

计划决策阶段：任务实施与方案制定

任务实施阶段	**【实施要求】** 根据讨论的结果和绘制的自动售检票设备的布局图，小组选派代表阐述本小组的设计思路、要点，展示本小组绘制的设备布局示意图。小组阐述时，其余各组认真听讲并做好记录，各小组依次汇报。 时间：_____　　　　地点：_____ 实施过程注意事项：_____ 实施过程记录另附。
检查评价阶段	通过个人工作页的完成情况，及任务成果的小组展示，完成本次学习任务的检查与评价，具体考核标准参照考核表。 **自动售检票设备布局考核表** **【考核目标】** 1. 熟悉 AFC 系统的组成。 2. 掌握 AFC 系统各功能模块。 3. 掌握 AFC 系统的车站布置原则。 4. 培养学生职业素养能力。 |	考核项目	考核标准	分值	自评 20%	互评 30%	师评 50%
---	---	---	---	---	---	---
专业能力	AFC系统的组成	说出 AFC 系统各部分组成结构名称及作用	15			
	AFC系统分层图	1. 系统图结构是否合理	10			
		2. 各部分结构功能是否清晰	10			
	AFC系统的布置原则	1. 布置原则是否具有实用性	10			
		2. 布置原则是否符合设计要求	10			
		3. 布置原则是否考虑车站客流量等实际问题	10			
	AFC系统的使用	是否熟练掌握 AFC 系统的各部分功能	15			
职业素养能力	人际沟通能力	是否具备站务人员与他人沟通交流的能力	10			
	团队合作能力	是否具备团队合作意识，是否与他人合作良好	10			
	地铁服务意识	安全、准确、高效率、重服务品质的服务意识，严谨、认真、细致的职业素质	10			
合计							 小组讨论并总结：

	指导老师评价：	
	任务完成人签字：	
		日期：　年　月　日
	指导老师签字：	
		日期：　年　月　日
任务总结阶段	1. 掌握了哪些技能（知识）。 2. 是否完成了预先制订的目标。 3. 任务实施过程中的收获及经验教训。	

【资料拓展】

AFC 系统层次结构介绍

根据 AFC 系统的功能、管理职能以及所处的线路位置划分，通常可以将其划分为五层结构。这是根据我国国情和城市发展现状，综合考虑了轨道交通建设的特点（如线路多而复杂、建设周期长、多个业主单位等情况）而设置的，具有一定的变通性。其对各层次必须实现的功能和要求做出如下规定。

第一层——车票是乘客所持的车费支付媒介，规定了储值卡和单程票两种类型的物理特性、电气特性、应用文件组织以及安全机制等技术要求。

第二层——车站终端设备安装在各车站的站厅，是直接为乘客提供售检票服务的设备，规定了车站终端设备及其运营管理的技术要求。

第三层——车站计算机系统，其主要功能是对第二层车站终端设备进行状态监控、以及收集本站产生的交易和审计数据，规定了系统的数据管理、运营管理及系统维护管理的技术要求。

第四层——线路中央计算机系统，其主要功能是收集本线路 AFC 系统产生的交易和审计数据，并将此数据传送给城市轨道交通清分系统，以及与其进行对帐，规定了对该线路的车票票务管理、运营管理及系统维护的技术要求。

第五层——清分系统，其主要功能是统一城市轨道交通 AFC 系统内部的各种运行参数、收集城市轨道交通 AFC 系统产生的交易和审计数据并进行数据清分和对账、同时负责连接城市轨道交通 AFC 系统和城市一卡通清分系统，规定了对车票管理、票务管理、运营管理和系统维护管理的技术要求。

任务二 自动售票机的结构组成及拆装

班级		学习小组	
姓名		参考学时	

【实践性工作任务描述】

城市轨道交通站务人员一般在车站站厅、站台担任服务岗位，需具备熟练操作自动售检票系统设备的工作技能，并熟悉自动售检票系统设备的常见故障检修排查作业。本工作任务的设计旨在提高学生对自动售票机内部结构的认知及拆装操作，提高学生的动手实践能力。

【知识技能要求】

1. 掌握自动售票机的结构组成及功能。
2. 掌握自动售票机各部分结构的拆装。
3. 熟悉自动售票机的工作原理。
4. 了解自动售票机常见故障，能够进行 TVM 设备的日常维护。

	5. 了解自动售票机出现故障的应急处理流程。
资讯准备阶段：知识储备＆任务描述	【基础知识储备】 1. 画出自动售票机内部的结构图，并指出各部分的功能。 2. 简述自动售票机的工作过程。 3. 简述自动售票机钱箱的更换流程及注意事项。 4. 简述更换自动售票机票箱的流程并画出流程图。

5. 乘客购票时，投入的硬币卡入槽中无法取出，应如何操作？

6. 简述购票时，自动售票机识别纸币的过程。

【任务描述】
自动售票机钱箱更换。
（一）任务描述
11月7日，某地铁10号线和平车站，站厅层北区一名乘客在自动售票机购票，乘客投入10元纸币，待乘客取票后发现自动售票机未找零钱，且自动售票机上方液晶显示屏显示"无找零"，乘客将该情况反馈给站厅工作人员进行处理。
（二）任务要求
1. 查阅各城市轨道交通自动售票机的管理规定，按照其规定进行操作。
2. 实训过程应在具有AFC系统设备综合监控系统的仿真实训室内进行。
3. 通过此次任务练习，让学生熟悉综合自动售票机的使用方法。
4. 注重考查学生对知识的灵活运用，要求学生掌握相关的岗位职责，及自动售票机故障的应急预案处理流程。
（三）实践指导
1. 任务演示过程在实训基地完成，演示环节涉及的主要内容有：

	（1）设备及场地：自动售票机、对讲机、警示牌、纸、笔等。 （2）人员安排：4~6名学生一组。 2. 考核评价。 依据考核评价表中的内容进行考核。
计划决策阶段：任务实施与方案制定	【信息查阅及资源获取】 1. 复习《城市轨道交通概论》中与自动售票机相关的章节内容。 2. 参考《城市轨道交通车站设备》中与自动售票机相关内容。 3. 浏览地铁官方网站，熟悉地铁车站内自动售票机的结构及功能。 【教师任务指导方向】 1. 通过"基础知识储备"学习本任务应掌握的知识要点。 2. 城市轨道交通自动售票机的结构组成及各部分结构。 3. 城市轨道交通自动售票机更换各模块流程及步骤。 【学生任务方案制定】 以小组为单位，根据工作页上的提示完善表格（包含岗位、处理步骤、使用工具、标准用语等）。 小组成员分工表 | 厅巡岗	站台岗	票务岗	值班员（行值/客值）	值站	站长
---	---	---	---	---	---
					| 车站岗位职责内容描述 |	
厅巡岗	
站台岗	
票务岗	
行车值班员	
客运值班员	
值站	
站长		
任务实施阶段	【实施要求】 根据讨论的结果并完成自动售票机钱箱更换的流程，小组选派代表阐述本小组的设计思路、要点。阐述完后，小组成员共同协作，完成此次任务。 小组阐述时，其余各组认真听讲并做好记录，各小组依次汇报。 时间：_____　　　　　地点：_____ 实施过程注意事项：_____ 实施过程记录另附。

	通过个人工作页的完成情况，及任务成果的小组展示，完成本次学习任务的检查与评价，具体考核标准参照考核表。

<table>
<tr><td colspan="6" align="center">自动售票机钱箱更换考核评价表</td></tr>
<tr><td colspan="6">【考核目标】
1. 熟悉自动售票机的结构组成及功能。
2. 熟练掌握自动售票机各模块的拆装。
3. 熟练掌握自动售票机钱箱的更换流程。
4. 具备扎实的基础知识和良好的职业素养。</td></tr>
<tr><td colspan="2">考核项目</td><td>考核标准</td><td>分值</td><td>自评
20%</td><td>互评
30%</td><td>师评
50%</td></tr>
<tr><td rowspan="8">专业能力</td><td rowspan="2">TVM的操作界面</td><td>1. 是否正确使用TVM操作界面购票</td><td>10</td><td></td><td></td><td></td></tr>
<tr><td>2. 是否熟悉TVM操作界面的功能</td><td>10</td><td></td><td></td><td></td></tr>
<tr><td rowspan="4">TVM的结构及功能系统分层图</td><td>1. 是否熟悉TVM的内部结构模块</td><td>10</td><td></td><td></td><td></td></tr>
<tr><td>2. 是否熟悉TVM各模块功能</td><td>10</td><td></td><td></td><td></td></tr>
<tr><td>3. 是否熟悉TVM钱箱的更换流程</td><td>10</td><td></td><td></td><td></td></tr>
<tr><td>4. 更换钱箱操作是否符合规定，有无违规操作</td><td>10</td><td></td><td></td><td></td></tr>
<tr><td rowspan="3">岗位职责</td><td>1. 发现TVM故障后，是否按照TVM故障上报流程进行上报及检修</td><td>10</td><td></td><td></td><td></td></tr>
<tr><td>2. 更换钱箱时，是否安放警示牌</td><td>5</td><td></td><td></td><td></td></tr>
<tr><td></td><td></td><td>3. 是否熟悉站务人员的相关岗位职责</td><td>10</td><td></td><td></td><td></td></tr>
<tr><td rowspan="3">职业素养能力</td><td>人际沟通能力</td><td>是否具备站务人员与他人沟通交流的能力</td><td>5</td><td></td><td></td><td></td></tr>
<tr><td>团队合作能力</td><td>是否具备团队合作意识，是否与他人合作良好</td><td>5</td><td></td><td></td><td></td></tr>
<tr><td>地铁服务意识</td><td>安全、准确、高效率、重服务品质的服务意识，严谨、认真、细致的职业素质</td><td>5</td><td></td><td></td><td></td></tr>
<tr><td colspan="2">合计</td><td></td><td></td><td></td><td></td><td></td></tr>
</table>

小组讨论并总结：

指导老师评价：

检查评价阶段

	任务完成人签字：			
任务总结阶段		日期：	年 月	日
	指导老师签字：			
		日期：	年 月	日
	1. 掌握了哪些技能（知识）。			
	2. 是否完成了预先制订的目标？			
	3. 任务实施过程中的收获及经验教训。			

【资料拓展】

自动售票机的常见故障处理表

故障现象	故障分析及解决办法
开机无显示	原因分析：（1）无电源输入；（2）部件连接异常
	解决办法：检查电源及显示器、部件连接，若无异常则联系专业维护人员
提示暂停服务（非上一级系统控制）	原因分析：（1）单程票处理单元异常；（2）硬币、纸币处理单元异常；（3）维修门在打开状态或维护门状态检测传感器异常
	解决方法：检查部件电源及通信连接并检查关闭维修门，若有异常则联系专业维护人员

续表

故障现象	故障分析及解决办法
显示"只收硬币"	原因分析：硬币处理模块卡币或者硬币箱没有正确安装
	解决方法：（1）启动设备后机器内部逻辑会对硬币模块进行测试，如果测试失败会进入"只收纸币"状态，这种问题一般是由硬币识别模块被硬币或其他异物堵塞导致，检查硬币识别模块并重新启动设备；（2）正确安装硬币箱
显示"只收纸币"	原因分析：纸币识别模块卡币或者纸币钱箱没有正确安装
	解决办法：（1）纸币识别模块被纸币或者其他异物堵塞导致，检查纸币识别模块并重新启动设备；（2）正确安装纸币钱箱
显示"无找零"	原因分析：硬币识别模块内没有放入找零用硬币或者硬币找零钱箱没有正确安装
	解决方法：（1）放入找零用硬币；（2）正确安装硬币找零钱箱
显示"只充值"	原因分析：单程票发售模块内没有放入车票或者票箱没有正确安装
	解决办法：（1）放入发售用车票；（2）正确安装票箱
显示"暂停服务"，不能进入工作状态	原因分析：可能是由于维修门没有关上
	解决办法：检查维修门并将维修门全部关紧上锁
显示"只发售"	原因分析：储值票读卡器有故障或连接错误
	解决办法：联系厂家更换储值票读卡器，或检查连接线缆

任务三　闸机的结构组成及拆装

班级		学习小组	
姓名		参考学时	

【实践性工作任务描述】

城市轨道交通站务人员一般在车站站厅、站台担任服务岗位，需具备熟练操作自动售检票系统设备的工作技能，并熟悉自动售检票系统设备的常见故障检修排查。本工作任务的设计旨在提高学生对闸机内部结构的认知及拆装操作，提高学生的动手实践能力。

【知识技能要求】

1. 掌握进/出口闸机的结构组成及功能。
2. 掌握进/出口闸机各部分结构的拆装。
3. 熟悉进/出口闸机的工作原理。
4. 了解进/出口闸机常见故障，能够进行 AG 设备的日常维护。
5. 了解进/出口闸机出现故障时的应急处理流程。

资讯准备阶段：知识储备&任务描述	【基础知识储备】 1. 闸机按类型分类，分为哪几种，各自的功能特点有哪些。 2. 闸机按功能分类，分为哪几种，各自的功能特点有哪些。 3. 进站闸机与出站闸机的结构有哪些不同。 4. 画出闸机传感器的布局图，写出闸机通行传感器的工作原理。

5. 写出出站闸机票箱的更换流程及注意事项。

6. 当乘客出站时遇到单程票卡无法识别时，应如何处理？

【任务描述】
出站闸机票箱更换。

（一）任务描述

8月29日，某地铁1号线太平站，一名乘客在地铁车站出站闸机旁准备出站，但投入单程票卡后，票卡无法正常塞入，闸机液晶屏显示"票箱错误"，乘客将该情况反馈给站厅工作人员进行处理。

（二）任务要求

1. 查阅各城市轨道交通闸机的相关管理规定，按照其规定进行操作。
2. 实训过程应在具有AFC系统设备的仿真实训室进行。
3. 通过此次任务练习，让学生熟悉闸机票箱的使用方法。
4. 注重考查学生对知识的灵活运用，要求学生掌握相关的岗位职责，及闸机故障的应急预案处理流程。

（三）实践指导

1. 任务演示过程在实训基地完成，演示环节涉及的主要内容有：
（1）设备及场地：进/出口闸机、对讲机、警示牌、纸、笔等。

计划决策阶段：任务实施与方案制定	（2）人员安排：4~6名学生一组。 2. 考核评价。 依据考核评价表中的内容进行考核。
	【信息查阅及资源获取】 1. 复习《城市轨道交通概论》中与闸机相关的章节内容。 2. 参考《城市轨道交通车站设备》中与闸机相关的内容。 3. 浏览地铁官方网站，熟悉地铁车站内闸机的结构及功能。
	【教师任务指导方向】 1. 通过"基础知识储备"学习本任务应掌握的知识要点。 2. 城市轨道交通闸机的结构组成及各部分结构。 3. 城市轨道交通闸机各模块更换流程及步骤。
	【学生任务方案制定】 以小组为单位，根据工作页上的提示完善表格（包含岗位、处理步骤、使用工具、标准用语等）。

小组成员分工表

厅巡岗	站台岗	票务岗	值班员（行值/客值）	值站	站长

车站岗位职责内容描述	
厅巡岗	
站台岗	
票务岗	
行车值班员	
客运值班员	
值站	
站长	

任务实施阶段	【实施要求】 根据讨论的结果完成闸机票箱的更换流程，小组选派代表阐述本小组的设计思路、要点。阐述完后，小组成员共同协作，完成此次任务。 小组阐述时，其余各组认真听讲并做好记录，各小组依次汇报。 时间：_____　　　　地点：_____ 实施过程注意事项：_____ 实施过程记录另附。

	通过个人工作页的完成情况，及任务成果的小组展示，完成本次学习任务的检查与评价，具体考核标准参照考核表。						
检查评价阶段	**闸机票箱更换考核评价表**						
	【**考核目标**】 1．熟悉闸机的结构组成及功能。 2．熟练掌握闸机票箱模块的拆装。 3．熟练掌握闸机票箱更换流程。 4．具备扎实的基础知识和良好的职业素养。						
	考核项目		考核标准	分值	自评 20%	互评 30%	师评 50%
	专业能力	AG 的操作界面	1．是否正确使用控制面板操作 AG 界面	10			
			2．是否熟悉 AG 的功能	10			
		AG 的结构及功能系统分层图	1．是否熟悉 AG 的内部结构模块	10			
			2．是否熟悉 AG 的各模块功能	10			
			3．是否熟悉 AG 票箱的更换流程	10			
			4．更换票箱操作是否符合规定，有无违规操作	10			
		岗位职责	1．发现 AG 故障后，是否按照 AG 故障上报流程进行上报及检修	10			
			2．更换票箱时，是否按照相关规定进行操作	5			
			3．是否熟悉站务人员的相关岗位职责	10			
	职业素养能力	人际沟通能力	是否具备站务人员与他人沟通交流的能力	5			
		团队合作能力	是否具备团队合作意识，是否与他人合作良好	5			
		地铁服务意识	安全、准确、高效率、重服务品质的服务意识，严谨、认真、细致的职业素质	5			
	合计						

小组讨论并总结：

指导老师评价：

任务总结阶段	任务完成人签字： 指导老师签字：		日期： 日期：	年　月　日 年　月　日
	1．掌握了哪些技能（知识）。 2．是否完成了预先制订的目标？ 3．任务实施过程中的收获及经验教训。			

【资料拓展】

闸机的日常清理与维护

1．闸机内/外部清理、检查和测试：
（1）定期清理闸机内部灰尘，移除任何闸机内部的外来物品。
（2）清理闸机外部，使用吸尘器对内部进行清理。
（3）检查闸机内部结构框架以及底座上是否有松动的螺丝或其他配件。
特别注意：
（1）清理过程中不能使用含腐蚀性、酸性、碱性成分的清洁剂。
（2）清洁时要仔细，避免水滴入模块的电路板上。

（3）进行清洁工作之前，切勿带电操作。

2．闸机传感器清扫、检查和测试：

（1）卸下盖板，使用清洁棉布和棉棒对传感器进行清理，清理过程中应注意勿用力捏拉传感器。

（2）清理结束后，使用闸机自带测试软件，检查测试传感器的工作状态是否正常。

任务四　半自动售票机的组成及拆装

班级		学习小组	
姓名		参考学时	

【实践性工作任务描述】

城市轨道交通站务人员一般在车站站厅、站台担任服务岗位，需具备熟练操作半自动售票机设备的工作技能，并熟悉半自动售票机设备常见故障的检修排查。本工作任务的设计旨在提高学生对半自动售票机内部结构的认知及熟悉拆装操作，提高学生的动手实践能力。

【知识技能要求】

1．掌握半自动售票机的组成及功能。

2．掌握半自动售票机各部分结构的拆装。

3．熟悉半自动售票机的工作原理。

4．了解半自动售票机常见故障，能够进行 BOM 设备的日常维护。

5．了解半自动售票机出现故障的应急处理流程。

资讯准备阶段：知识储备 & 任务描述

【基础知识储备】

1．简述半自动售票机由哪几部分组成，各自的功能有哪些？

2．简述半自动售票机的购票流程。

3. 简述半自动售票机登录与退出的使用流程。

4. 人工票亭除具备售票功能外，还可进行哪些操作？

5. 乘客购票后，乘车时发现显示"票卡无效"应如何进行操作？

6. 出售车票时，应按"四部曲"操作，请写出"四部曲"的具体操作流程。

【任务描述】
票卡错误处理。
（一）任务描述
3月7日，某地铁9号线车站，一名乘客持单程票卡准备出站，通过闸机时，显示"票卡错误"。闸机旁工作人员告知乘客持卡前往客服中心咨询，该名乘客将乘车卡交给票务人员，经票务人员检查发现是由于乘客"超乘"导致，乘客补钱后顺利通过闸机出站。
（二）任务要求
1. 查阅各城市轨道交通半自动售票机的管理规定，按照地铁公司的相关规定进行票卡信息查询。

2. 实训过程应在具有人工票亭及 AFC 系统设备的仿真实训室进行。

3. 通过此次任务练习，让学生熟悉半自动售票机的功能及使用方法。

4. 注重考查学生对知识的灵活运用，要求学生掌握相关的岗位职责。

（三）实践指导

1. 任务演示过程在实训基地完成，演示环节涉及的主要内容有：

（1）设备及场地：客服中心、半自动售票机、票卡、纸、笔等。

（2）人员安排：4~6 名学生一组。

2. 考核评价。

依据考核评价表中内容进行考核。

计划决策阶段：任务实施与方案制定

【信息查阅及资源获取】

1. 复习《城市轨道交通概论》中与半自动售票机相关的章节内容。

2. 参考《城市轨道交通车站设备》中与半自动售票机相关的内容。

3. 浏览地铁官方网站，熟悉地铁车站内半自动售票机的结构及功能。

【教师任务指导方向】

1. 通过"基础知识储备"学习本任务的知识要点。

2. 城市轨道交通半自动售票机的结构组成及各部分结构。

3. 城市轨道交通半自动售票机各模块更换流程及步骤。

【学生任务方案制定】

以小组为单位，根据工作页上的提示完善表格（包含岗位、处理步骤、使用工具、标准用语等）。

小组成员分工表					
厅巡岗	站台岗	票务岗	值班员（行值/客值）	值站	站长

车站岗位职责内容描述	
厅巡岗	
站台岗	
票务岗	
行车值班员	
客运值班员	
值站	
站长	

任务实施阶段	【实施要求】 　　根据讨论的结果半自动售票机完成票卡"超乘"的操作，小组选派代表阐述本小组的设计思路、要点。阐述完后，小组成员共同协作，完成此次任务。 　　小组阐述时，其余各组认真听讲并做好记录，各小组依次汇报。 　　时间：_____　　　　　地点：_____ 　　实施过程注意事项：_____ 　　实施过程记录另附。					
检查评价阶段	通过个人工作页的完成情况，及任务成果的小组展示，完成本次学习任务的检查与评价，具体考核标准参照考核表。					

半自动售票机票箱更换考核评价表

【考核目标】
1. 熟悉半自动售票机的售票流程。
2. 掌握半自动售票机的结构及功能。
3. 熟练掌握半自动售票机票箱的更换操作。
4. 熟悉站务人员各岗位工作职责。
5. 培养学生职业素养能力。

考核项目		考核标准	分值	自评 20%	互评 30%	师评 50%
专业能力	BOM 的组成	说出 BOM 的组成结构及各部分功能	10			
	BOM 系统的使用	1. 是否正确掌握 BOM 系统的操作	10			
		2. 是否熟悉退票系统	10			
		3. 是否能够独立处理票卡常见错误信息	10			
		4. 售票时是否按照购票四部曲进行	10			
		5. 是否熟悉票箱的拆装步骤	10			
	岗位职责	1. 发现票卡信息有误时，上报处理流程是否合理	5			
		2. 是否熟悉站务人员的相关岗位职责	5			
职业素养能力	人际沟通能力	是否具备站务人员的与他人沟通交流的能力	10			
	团队合作能力	是否具备团队合作意识，是否与他人合作良好	10			
	地铁服务意识	安全、准确、高效率、重服务品质的服务意识，严谨、认真、细致的职业素质	10			
合计						

	小组讨论并总结：
	指导老师评价：
	任务完成人签字： 　　　　　　　　　　　　　　　　　　　日期：　　年　月　日 指导老师签字： 　　　　　　　　　　　　　　　　　　　日期：　　年　月　日
任务总结阶段	1. 掌握了哪些技能（知识）。 2. 是否完成了预先制订的目标？ 3. 任务实施过程中的收获及经验教训。

【资料拓展】

半自动售票机设备说明

半自动售票机简称"BOM",设于车站售票亭和补票亭。半自动售票机可以设置为同时向非付费区乘客提供售票服务和向付费区的乘客提供售票服务的工作模式,也可以设置为只向付费区或非付费区乘客服务的工作模式。

主要功能包括:签退、关机、班次统计、车票分析、车票发售、车票抵消、发出站票、单据补打、车票充值、车票查询、车票补票、车票退卡、车票退款、车票激活、大额退卡申请、大额退款申请、大额申请确认、大额申请取消、设备配置、更换票箱、一票通授权、数据维护及一卡通授权。

(一)主控单元

主控单元是BOM内部的中央控制器,负责控制和协调其他各模块的工作,保存交易数据,同时与车站计算机通信、上传交易数据、状态信息、接受参数和控制命令等。BOM的主控单元采用工控机。

(二)操作员显示器

操作员显示器采用红外触摸屏显示器,主要用于操作员进行对应的操作,例如:发售、充值、更换票箱等。

(三)乘客显示器

乘客显示器是为了保证操作员操作的公开性而设置的显示器,便于乘客监督检查。

(四)单据打印机

BOM设有一个单据打印机,主要为运营人员在乘客进行充值或售卡和进行更换票箱与签退操作后提供凭据。

(五)读写器及天线

BOM设有桌面读写器和发售模块读写器2个读写器,2个读写器都有各自的天线板。桌面读写器天线板在读写器内,发售模块读写器天线板在读写器上方。

桌面读写器用来对乘客所持票卡进行分析、补票、认证和一卡通发售。

发售模块读写器用于发售单程票和福利票以及出站票等一票通车票。

(六)单程票发售模块

BOM有一个单程票发售模块,包括一个发售模块控制板,2个发售票箱,一个废票箱。

(七)电源模块

电源模块提供给设备其他各个模块所需要的各种电源,输入电压220 V的交流电流,输出包括5 V、12 V、24 V等直流电和交流电。

项目三　城市轨道交通消防系统

任务一　车站消防系统概述

班级		学习小组	
姓名		参考学时	

【实践性工作任务描述】

　　城市轨道交通站务人员一般在车站站厅、站台以及车控室任职,当遇到车站火灾等突发情况时,站务人员需具备熟练操作火灾防护系统设备的工作技能,并熟悉相关的岗位职责。本工作任务的设计旨在提高学生对车站消防系统的认知,提高学生的动手实践能力。

【知识技能要求】

1. 了解地铁火灾特征。
2. 掌握灭火器的分类及特点。
3. 掌握灭火器的种类及使用方法。
4. 掌握 FAS 系统的监控级别分类及特点。
5. 掌握 FAS 系统的组成及作用。
6. 熟悉 FAS 系统的工作原理。
7. 熟悉火灾自动报警流程。

资讯准备阶段:知识储备&任务描述

【基础知识储备】

1. 简述地铁火灾的特征。

2. 简述灭火器的分类及特点。

3. 简述灭火器的使用方法及步骤。

4. 简述FAS系统的监控级别分类，其各级功能有何特点？

5. 简述FAS系统的组成及作用。

6. 简述FAS系统的工作原理。

7. 画出火灾自动报警的流程图。

【任务描述】

灭火器的使用。

（一）任务描述

1月1日和平车站站厅层东南角处垃圾箱起火，火灾探测器探测到浓烟后自动报警，车控室内行车值班员接收到报警信息，迅速与站厅站务人员取得联系，站务人员迅速前往火灾地点进行现场确认。站务人员在现场确认火灾情况后，立刻取出灭火器进行灭火，同时通知其他站务人员组织乘客远离火灾地点。由于现场火势较小，行车值班员在接到站务人员现场火灾确认信息后，关闭IBP盘上火灾自动报警按钮，未启动自动灭火装置。

（二）任务要求

1. 学生以小组形式，分角色进行该场景的演练。
2. 熟悉灭火器的操作方法。
3. 熟悉站厅火灾的应急处理流程。
4. 根据任务描述，制定出相应的计划书，结合各城市地铁公司火灾应急处理预案要求进行任务演练，体现站务人员的岗位职责。
5. 任务实施过程中，注重小组合作，体现良好的职业素养和专业技能。

（三）实践指导

1. 任务演示过程在实训基地完成，演示环节涉及的主要内容有：
（1）设备及场地：二氧化碳灭火器、对讲机、纸、笔等。
（2）人员安排：4~6名学生一组。
2. 考核评价。

依据考核评价表中内容进行考核。

计划决策阶段：任务实施与方案制定	【信息查阅及资源获取】 1. 参考《城市轨道交通车站设备》中与车站消防系统相关的章节内容。 2. 参考《城市轨道交通车站消防系统》中的相关内容。 3. 浏览地铁官方网站，熟悉地铁车站消防系统的相关规定。
	【教师任务指导方向】 1. 通过"基础知识储备"学习本任务的知识要点。 2. 城市轨道交通车站消防系统的组成及各部分功能。 3. 城市轨道交通车站消防系统的使用要求。
	【学生任务方案制定】 以小组为单位，根据工作页上的提示完善表格（包含岗位、处理步骤、使用工具、标准用语等）。 | 小组成员分工表					
厅巡岗	站台岗	票务岗	值班员（行值/客值）	值站	站长
---	---	---	---	---	---

车站岗位职责内容描述	
厅巡岗	
站台岗	
票务岗	
行车值班员	
客运值班员	
值站	
站长		
任务实施阶段	【实施要求】 根据讨论的结果并完成灭火器的使用任务书，小组选派代表阐述本小组的设计思路、要点。阐述完后，小组成员共同协作，完成此次任务。 小组阐述时，其余各组认真听讲并做好记录，各小组依次汇报。 时间：_____　　　　地点：_____ 实施过程注意事项：_____ 实施过程记录另附。

<table>
<tr><td rowspan="16">检查评价阶段</td><td colspan="7">通过个人工作页的完成情况，及任务成果的小组展示，完成本次学习任务的检查与评价，具体考核标准参照考核表。</td></tr>
<tr><td colspan="7" align="center">灭火器的使用任务考核评价表</td></tr>
<tr><td colspan="7">【考核目标】
1. 熟悉不同种类灭火器的使用方法。
2. 熟练掌握地铁火灾的救援事项。
3. 熟练掌握FAS系统的使用。
4. 熟悉FAS系统的工作原理。
5. 熟悉火灾自动报警流程。
6. 培养学生职业素养能力和团队合作能力。</td></tr>
<tr><td></td><td>考核项目</td><td>考核标准</td><td>分值</td><td>自评
20%</td><td>互评
30%</td><td>师评
50%</td></tr>
<tr><td rowspan="7">专业能力</td><td>灭火器的分类</td><td>正确说出灭火器的分类，及各自的特点</td><td>5</td><td></td><td></td><td></td></tr>
<tr><td rowspan="2">灭火器的使用</td><td>1. 是否正确识别不同种类的灭火器</td><td>5</td><td></td><td></td><td></td></tr>
<tr><td>2. 灭火器的使用步骤是否正确</td><td>10</td><td></td><td></td><td></td></tr>
<tr><td rowspan="3">FAS系统的使用</td><td>1. 是否正确使用FAS系统进行火灾报警</td><td>10</td><td></td><td></td><td></td></tr>
<tr><td>2. 是否熟悉FAS系统火灾的处理流程</td><td>10</td><td></td><td></td><td></td></tr>
<tr><td>3. 是否熟悉火灾自动报警系统的流程</td><td>10</td><td></td><td></td><td></td></tr>
<tr><td rowspan="2">岗位职责</td><td>1. 是否熟悉启用火灾自动报警系统的应急处理流程</td><td>10</td><td></td><td></td><td></td></tr>
<tr><td></td><td>2. 是否熟悉发生火灾时各岗位的职责</td><td>10</td><td></td><td></td><td></td></tr>
<tr><td rowspan="3">职业素养能力</td><td>人际沟通能力</td><td>是否具备站务人员与他人沟通交流的能力</td><td>10</td><td></td><td></td><td></td></tr>
<tr><td>团队合作能力</td><td>是否具备团队合作意识，是否与他人合作良好</td><td>10</td><td></td><td></td><td></td></tr>
<tr><td>地铁服务意识</td><td>安全、准确、高效率、重服务品质的服务意识，严谨、认真、细致的职业素质</td><td>10</td><td></td><td></td><td></td></tr>
<tr><td colspan="2">合计</td><td></td><td></td><td></td><td></td><td></td></tr>
</table>

小组讨论并总结：

指导老师评价：

任务总结阶段	任务完成人签字：			
		日期：	年 月	日
	指导老师签字：			
		日期：	年 月	日
	1. 掌握了哪些技能（知识）。			
	2. 是否完成了预先制订的目标？			
	3. 任务实施过程中的收获及经验教训。			

【资料拓展】

火灾探测器

在火灾报警系统中，火灾探测器属检测部件，是系统的重要组成部分。在火灾发生初期，火灾探测器可探测到初期燃烧产生的热量大小，烟雾强度和光辐射大小等物理量，并将上述物理量转换为电信号传输到火灾报警控制器中。根据火灾探测器所检测的物理量的不同，可以将火灾探测器分为感烟式火灾探测器、感温式火灾探测器和感光式火灾探测器如下图所示。

  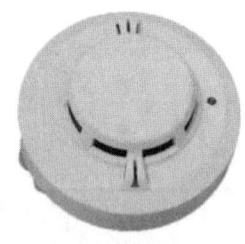

（1）离子感烟式探测器　　（2）光电感烟探测器　　（3）点型感温式探测器

（4）差定温式探测器　　（5）红外火焰探测器　　（6）紫外火焰探测器

防火的基本措施

根据燃烧的条件，一切防火措施都是为了不使燃烧形成，从而达到防火目的。在长期同火灾作斗争中，人们总结出下列几种防火措施：

1. 控制可燃物体，即控制可燃物品的存储量。

2. 控制爆炸极限，即加强通风，降低可燃气体、蒸汽和粉尘浓度，将他们控制在爆炸极限以下。

3. 提高耐火极限，用防火漆、防火涂料，浸涂可燃材料。

4. 隔绝空气，就是破坏燃烧的助燃条件。如：（1）密封在可燃物质的容器设备；（2）充装惰性气体进行防火保护；（3）关闭防火门、窗，切断空气对流；（4）用沙、土覆盖可燃物。

5. 消除火源，就是破坏引进可燃物燃烧的热能源；如：（1）火灾危险场所，使用防爆电气设备；（2）火灾危险场所，穿防静电的工作服和禁止携带烟火进入；（3）装接避雷装置。

6. 防止热爆炸波的蔓延，就是要防止所有燃烧条件的形成，从而防止火灾扩大，减少火灾损失。

任务二 自动灭火系统

班级		学习小组	
姓名		参考学时	
【实践性工作任务描述】 　　城市轨道交通站务人员一般在车站站厅、站台以及车控室任职，当遇到车站火灾等突发情况时，站务人员需具备熟练操作自动灭火系统设备的工作技能，并熟悉相关的岗位职责。本工作任务的设计旨在提高学生对自动灭火系统的认知，提高学生的动手实践能力。			
【知识技能要求】 1. 了解自动灭火系统的工作原理。 2. 掌握自动灭火系统的使用。 3. 掌握自动灭火系统的分类及特点。 4. 熟悉自动灭火系统的优点。			
资讯准备阶段：知识储备&任务描述	**【基础知识储备】** 　　1. 简述自动灭火系统的定义。 　　2. 简述自动灭火系统的设备组成。 　　3. 简述自动灭火系统的分类及特点。		

4. 结合之前所学知识,绘制 FAS 现场设备网络图,并指出气体灭火装置的使用方法。

5. 简述气体灭火系统流程图。

6. 简述设备房内起火时,启用气体灭火装置的注意事项。

【任务描述】
气体灭火系统的使用。
(一)任务描述
2月3日幸福车站通信设备房发生火灾,设备房内火灾探测器探测到浓烟后自动报警,车控室内行车值班员接收到报警信息,迅速与站务人员取得联系,安排站务人员前往火灾地点进行现场查看。站务人员到达通信设备房后，发现设备房着火，在确认设备房内无人后，按下设备房外气体灭火装置按钮。由于现场火势较大，行车值班员在接到站务人员现场火灾的确认信息后，将情况报告给值站，车站启动车站火灾应急预案模式。

（二）任务要求

1. 学生以小组形式，分角色进行该场景的演练。
2. 熟悉气体灭火装置的使用方法。
3. 熟悉车站设备房火灾的应急处理流程。
4. 根据任务描述，制定出相应的计划书，结合各城市地铁公司火灾应急处理预案要求进行任务演练，体现站务人员的岗位职责。
5. 任务实施过程中，注重小组合作，体现良好的职业素养和专业技能。

（三）实践指导

1. 任务演示过程在实训基地完成，演示环节涉及的主要内容有：
（1）设备及场地：安装有气体灭火系统的实训室、对讲机、纸、笔等。
（2）人员安排：4～6名学生一组。
2. 考核评价。
依据考核评价表中内容进行考核。

计划决策阶段：任务实施与方案制定

【信息查阅及资源获取】

1. 参考《城市轨道交通车站设备》中与自动灭火系统相关的章节内容。
2. 参考《城市轨道交通车站消防系统》中的相关内容。
3. 浏览地铁官方网站，熟悉地铁车站自动灭火系统的相关规定。

【教师任务指导方向】

1. 通过"基础知识储备"学习本任务的知识要点。
2. 城市轨道交通车站自动灭火系统的组成及各部分功能。
3. 城市轨道交通车站自动灭火系统的使用要求。

【学生任务方案制定】

以小组为单位，根据工作页上的提示完善表格（包含岗位、处理步骤、使用工具、标准用语等）。

小组成员分工表					
厅巡岗	站台岗	票务岗	值班员（行值/客值）	值站	站长
车站岗位职责内容描述					
厅巡岗					
站台岗					
票务岗					
行车值班员					

	客运值班员	
	值站	
	站长	

<table>
<tr><td rowspan="2">任务实施阶段</td><td colspan="2">

【实施要求】

根据讨论的结果完成气体灭火系统任务的演练，小组选派代表阐述本小组的设计思路、要点。阐述完后，小组成员共同协作，完成此次任务。

小组阐述时，其余各组认真听讲并做好记录，各小组依次汇报。

时间：_____   地点：_____

实施过程注意事项：_____

实施过程记录另附。

</td></tr>
</table>

通过个人工作页的完成情况，及任务成果的小组展示，完成本次学习任务的检查与评价，具体考核标准参照考核表。

气体灭火系统任务考核评价表

【考核目标】

1. 了解气体灭火系统的工作原理。
2. 掌握气体灭火系统的使用。
3. 掌握气体灭火系统的分类及特点。
4. 熟悉发生火灾时，气体灭火系统的使用须知。
5. 培养学生职业素养能力和团队合作能力。

考核项目		考核标准	分值	自评 20%	互评 30%	师评 50%
专业能力	气体灭火器的分类	正确说出气体灭火器的分类及特点	10			
	气体灭火器的使用	1. 是否正确掌握气体灭火器的使用要求	10			
		2. 是否正确使用不同类型气体灭火器	10			
		3. 是否正确使用气体灭火器进行设备房灭火	10			
		4. 是否正确执行设备房起火的应急处理流程	10			
	岗位职责	1. 是否熟悉设备房火灾的应急处理流程	10			
		2. 是否熟悉设备房火灾时各岗位职责	10			
职业素养能力	人际沟通能力	是否具备站务人员的与他人沟通交流的能力	10			
	团队合作能力	是否具备团队合作意识，是否与他人合作良好	10			
	地铁服务意识	安全、准确、高效率、重服务品质的服务意识，严谨、认真、细致的职业素质	10			
合计						

（检查评价阶段）

	小组讨论并总结：		
	指导老师评价：		
	任务完成人签字： 指导老师签字：	日期： 日期：	年 月 日 年 月 日
任务总结阶段	1. 掌握了哪些技能（知识）。 2. 是否完成了预先制订的目标？ 3. 任务实施过程中的收获及经验教训。		

【资料拓展】

室内消火栓系统的定期检查

为保证消火栓系统的正常使用，应当对室内消火栓系统以每半年至少进行一次的频率全面检查维修，主要从以下几个方面进行：

1. 消火栓和消防卷盘供水闸阀不应有渗漏现象。

2. 消防水枪、水带、消防卷盘及全部附件应齐全良好，卷盘转动灵活。
3. 报警按钮、指示灯及控制线路功能正常，无故障。
4. 消火栓箱及箱内装配的消防部件的外观无破损、涂层无脱落，箱门玻璃完好无缺。
5. 消火栓、供水阀门及消防卷盘等所有转动部位应定期加注润滑油。

任务三　地铁车站火灾自救与逃生技巧

班级		学习小组	
姓名		参考学时	

资讯准备阶段：知识储备&任务描述	【实践性工作任务描述】 　　城市轨道交通站务人员一般在车站站厅、站台以及车控室任职，当遇到车站火灾等突发情况时，站务人员需具备自救及逃生技巧，并熟悉相关的岗位职责。本工作任务的设计旨在提高学生对车站火灾自救与逃生技巧等技能方面的认知，提高学生的动手实践能力。
	【知识技能要求】 　1. 了解地铁车站发生火灾时应遵循的原则。 　2. 掌握地铁车辆着火的应急处理方案。 　3. 掌握站台着火的应急处理方案。 　4. 掌握站厅着火的应急处理程序。 　5. 掌握车站设备区着火的应急处理程序。 　6. 掌握地铁车站火灾的逃生技巧。
	【基础知识储备】 　1. 简述地铁车站发生火灾时应遵循哪些原则。 　2. 简述地铁车站火灾的逃生技巧。

3. 2003年2月18日上午9时55分左右，韩国大邱市第1079号地铁列车上第三节车厢里的一名男子点燃一个装满易燃物的绿色塑料罐，造成车厢起火。车站的电力系统立刻自动断电，由于车内没有自动灭火装置，车厢内乘客乱作一团，许多乘客因浓烟窒息而死。请回答下列问题：

（1）简述在此次事件中，该地铁公司存在哪些管理上的问题。

（2）结合实际回答，如果车厢内发生火灾，作为一名站务人员，应如何组织乘客逃生。

4. 简述地铁车辆发生火灾时，应如何进行自救。

5. 结合实际，简述与地面建筑相比，城市轨道交通发生火灾时有哪些特点？

6. 简述站厅发生火灾时的应急处理流程。

7. 简述站台发生火灾时的应急处理流程。

【任务描述】
地铁车辆着火的处理方案。
（一）任务描述
9月29日，早晨7时10分，某地铁5号线天桥车站第K0001次列车发生火灾。该火灾是由于一名乘客携带液体酒精乘车，在乘车过程中乘客企图抽烟，导致液体酒精被点燃。当时正值上班高峰期，车厢内乘客人数较多，开始时火势较小，司机及时与车站取得联系，迅速启用车厢内火灾应急处理预案，组织乘客有序逃生。
（二）任务要求
1. 查阅各地铁车辆着火应急处理预案，并按照规定分角色进行该场景的演练。
2. 熟悉车辆着火的自救步骤，准确有序地组织乘客逃生。

	3. 熟悉车辆着火时各岗位站务人员的岗位职责。 4. 熟悉车辆着火时的应急处理流程。 5. 任务实施过程中，注重小组合作，体现良好的职业素养和专业技能。 （三）实践指导 1. 任务演示过程在实训基地完成，演示环节涉及的主要内容有： （1）设备及场地：城市轨道交通车辆模型，车控实训室、对讲机、纸、笔等。 （2）人员安排：4～6名学生一组。 2. 考核评价。 依据考核评价表中内容进行考核。
计划决策阶段：任务实施与方案制定	【信息查阅及资源获取】 1. 参考《城市轨道交通车站设备》中与车站火灾救援相关的章节内容。 2. 参考《城市轨道交通车站火灾逃生技巧》中的相关内容。 3. 浏览地铁官方网站，熟悉地铁车站火灾逃生及自救的相关规定。 【教师任务指导方向】 1. 通过"基础知识储备"学习本任务应掌握的知识要点。 2. 城市轨道交通火灾自救的流程及注意事项。 3. 城市轨道交通火灾逃生技巧。 【学生任务方案制定】 以小组为单位，根据工作页上的提示完善表格（包含岗位、处理步骤、使用工具、标准用语等）。

<table>
<tr><td colspan="6" align="center">小组成员分工表</td></tr>
<tr><td>厅巡岗</td><td>站台岗</td><td>票务岗</td><td>值班员（行值/客值）</td><td>值站</td><td>站长</td></tr>
<tr><td></td><td></td><td></td><td></td><td></td><td></td></tr>
<tr><td colspan="6" align="center">车站岗位职责内容描述</td></tr>
<tr><td>厅巡岗</td><td colspan="5"></td></tr>
<tr><td>站台岗</td><td colspan="5"></td></tr>
<tr><td>票务岗</td><td colspan="5"></td></tr>
<tr><td>行车值班员</td><td colspan="5"></td></tr>
<tr><td>客运值班员</td><td colspan="5"></td></tr>
<tr><td>值站</td><td colspan="5"></td></tr>
<tr><td>站长</td><td colspan="5"></td></tr>
</table>

任务实施阶段	**【实施要求】** 根据讨论的结果完成车辆着火紧急预案的演练，小组选派代表阐述本小组的设计思路、要点。阐述完后，小组成员共同协作，完成此次任务。 小组阐述时，其余各组认真听讲并做好记录，各小组依次汇报。 时间：_____　　　　　地点：_____ 实施过程注意事项：_____ 实施过程记录另附。
检查评价阶段	通过个人工作页的完成情况，及任务成果的小组展示，完成本次学习任务的检查与评价，具体考核标准参照考核表。

车辆着火处理方案任务考核评价表

【考核目标】
1. 掌握地铁车辆着火的应急处理方案。
2. 掌握地铁车辆着火的特点和自救常识。
3. 掌握地铁车站火灾的逃生技巧。
4. 培养学生职业素养能力和团队合作能力。

考核项目		考核标准	分值	自评 20%	互评 30%	师评 50%
专业能力	车辆着火的组织救援	1. 正确说出车辆着火时的组织救援过程	10			
		2. 是否正确运用车辆火灾救援的相关设备	10			
		3. 是否有序组织乘客的撤离	10			
		4. 是否在车辆火灾时，正确使用车厢自救按钮	10			
		5. 是否正确使用广播系统进行紧急疏散信息的发布	10			
		6. 是否正确使用车控室内的设备打开应急通道	10			
	岗位职责	1. 是否熟悉车辆火灾的应急处理流程	5			
		2. 是否熟悉车辆火灾时各岗位的职责	5			
职业素养能力	人际沟通能力	是否具备站务人员的与他人沟通交流的能力	10			
	团队合作能力	是否具备团队合作意识，是否与他人合作良好	10			
	地铁服务意识	安全、准确、高效率、重服务品质的服务意识，严谨、认真、细致的职业素质	10			
合计						

	小组讨论并总结：
	指导老师评价：
	任务完成人签字： 　　　　　　　　　　　　　　　　　　　日期：　　年　月　日 指导老师签字： 　　　　　　　　　　　　　　　　　　　日期：　　年　月　日
任务总结阶段	1. 掌握了哪些技能（知识）。 2. 是否完成了预先制订的目标？ 3. 任务实施过程中的收获及经验教训。

【资料拓展】

地铁火灾自救常识

由于地铁车站多数位于地下，一旦发生火灾后果往往较为严重。当遇到火灾时，一定要听从车站人员的指挥，切忌盲目逃窜，自行其是。根据火灾发生的位置不同，可以分为站厅层火灾、站台层火灾以及隧道火灾三种类型。

1. 站厅层火灾注意事项：

由于设备用房多数都在站厅层，当此处发生火灾时，烟雾会顺势向地上蔓延，此时乘客必须要保持清醒的头脑，能够快速辨别出自己所在的部位。假若起火点在乘客周围，乘客须以最快的速度从距离地面最近的安全出口逃生。假若乘客所处的位置距离着火点较远，应当在车站工作人员的指挥下，朝与火势相反的方向疏散，切忌盲目逃生。

2. 站台层火灾注意事项：

如果列车发生火灾停在站台两侧时，需要根据列车的起火位置组织疏散。如果起火部位位于车头时，乘客则需要向车尾处疏散；如果起火部位位于车尾时，乘客则要向车头方向疏散；如果起火部位位于列车中间时，则以起火处为分界点，前部车厢乘客向前方疏散，后部车厢乘客向后方疏散。

3. 区间隧道发生火灾时的注意事项：

当着火客车迫停在区间隧道的任何位置时，乘客自然分成两部分分别向隧道两端进行疏散。（1）服从站台指挥人员的指挥，确认起火的部位；（2）确定自己所处的位置、距起火点的距离及火势大小，选择正确的逃生路线；（3）千万不能砸碎玻璃从车窗下到轨道内部，以防轨道带电伤人；（4）当车头发生火灾时，乘客从车头向车尾部疏散，经过司机驾驶室门向前一个站台的上下行隧道联络通道疏散，然后通向前一个站台沿着疏散指示的方向撤出；（5）当车尾发生火灾，乘客从车尾向车头部疏散，经过司机驾驶室门向下一个站台的上下行隧道联络通道疏散，然后通向前一个站台沿着疏散指示标志指示的方向撤出；（6）当车中部发生火灾，乘客从中部向车头、车尾部疏散，经过司机驾驶室门向前一个站台和下一个站台的上下行隧道联络通道疏散，然后通向前一个站台沿着疏散指示标志指示的方向撤出。

项目四　城市轨道交通车站监控系统

任务一　环境与设备监控系统的认知

班级		学习小组	
姓名		参考学时	

【实践性工作任务描述】

城市轨道交通站务人员一般在车站站厅、站台以及车控室任职,其中行车值班员在车控室中的一项重要工作任务就是对整个车站进行监控,以确保车站的安全运营。本工作任务的设计旨在提高学生对环境与设备监控系统的认知,提高学生的动手实践能力。

【知识技能要求】

1. 了解环境与设备监控系统的概念(BAS)。
2. 掌握环境与设备监控系统的构成,重点掌握车站级 BAS 系统和就地级 BAS 系统。
3. 掌握环境与设备监控系统的功能。
4. 掌握环境与设备监控系统的监控内容。
5. 熟悉环境与设备监控系统的使用。

资讯准备阶段:知识储备&任务描述

【基础知识储备】

1. 简述环境与设备监控系统的发展历程,举例说明国外环境与设备监控系统的应用现状。

2. 简述环境与设备监控系统的概念。

3. 结合实际，简述环境与设备监控系统对于地铁运营来说有哪些重要作用。

4. 简述环境与设备监控系统的系统构成。

5. 简述环境与设备监控系统的功能。

6. 结合实际，简述环境与设备监控系统有哪些监控内容。

【任务描述】
环境与设备监控系统。
（一）任务描述
5月28日，某地铁9号线火车站车站，由于设备故障造成车站停电，在监控到车站停电故障后，启用应急照明系统恢复车站正常照明。经检查发现车站设备存在安全隐患，为保证乘客的安全出行，火车站车站清客，以彻底进行故障排查。

<table>
<tr><td rowspan="2">计划决策阶段：任务实施与方案制定</td><td>

（二）任务要求

1. 查阅各城市轨道交通 BAS 系统的使用规定，按照规定进行操作。
2. 实训过程应在具有环境与设备监控系统的仿真实训室内进行。
3. 通过此次任务练习，让学生熟悉环境与设备监控系统的监控内容和使用方法。
4. 注重考查学生是否对知识灵活运用，要求学生掌握相关的岗位职责及相关应急预案处理流程。

（三）实训条件

1. 任务演示过程在实训基地完成，演示环节涉及的主要内容有：
（1）设备及场地：环境与设备监控系统、对讲机、广播等。
（2）人员安排：4~6 名学生一组。
2. 考核评价。
依据考核评价表中内容进行考核。

</td></tr>
<tr><td>

【信息查阅及资源获取】

1. 参考《城市轨道交通车站设备》中与环境与设备监控系统相关的章节内容。
2. 参考《城市轨道交通车站监控系统》中的相关内容。
3. 浏览地铁官方网站，熟悉地铁车站监控系统的相关规定。

【教师任务指导方向】

1. 通过"基础知识储备"学习本任务应掌握的知识要点。
2. 城市轨道交通车站监控系统的组成及各部分功能。
3. 城市轨道交通车站监控系统的应用。

【学生任务方案制定】

以小组为单位，根据工作页上的提示完善表格（包含岗位、处理步骤、使用工具、标准用语等）。

<table>
<tr><td colspan="6">小组成员分工表</td></tr>
<tr><td>厅巡岗</td><td>站台岗</td><td>票务岗</td><td>值班员（行值/客值）</td><td>值站</td><td>站长</td></tr>
<tr><td></td><td></td><td></td><td></td><td></td><td></td></tr>
</table>

<table>
<tr><td colspan="2">车站岗位职责内容描述</td></tr>
<tr><td>厅巡岗</td><td></td></tr>
<tr><td>站台岗</td><td></td></tr>
<tr><td>票务岗</td><td></td></tr>
<tr><td>行车值班员</td><td></td></tr>
<tr><td>客运值班员</td><td></td></tr>
<tr><td>值站</td><td></td></tr>
<tr><td>站长</td><td></td></tr>
</table>

</td></tr>
</table>

	【实施要求】
任务实施阶段	根据讨论的结果并完成环境与设备监控系统的任务，小组选派代表阐述本小组的设计思路、要点。阐述完后，小组成员共同协作，完成此次任务。 小组阐述时，其余各组认真听讲并做好记录，各小组依次汇报。 时间：_____　　　　地点：_____ 实施过程注意事项：_____ 实施过程记录另附。
检查评价阶段	通过个人工作页的完成情况，及任务成果的小组展示，完成本次学习任务的检查与评价，具体考核标准参照考核表。

环境与设备监控系统任务考核评价表

【考核目标】
1. 熟悉环境与设备监控系统的组成。
2. 掌握环境与设备监控系统的功能。
3. 掌握环境与设备监控系统的使用。
4. 培养学生职业素养能力和团队合作能力。

	考核项目	考核标准	分值	自评 20%	互评 30%	师评 50%
专业能力	环境与设备监控系统的组成	正确说出环境与设备监控系统是由哪几部分组成	8			
专业能力	环境与设备监控系统的使用	1. 是否掌握环境与设备监控系统的功能	10			
		2. 是否熟悉环境与设备监控系统的操作	10			
		3. 是否熟悉环境与设备监控系统的监控内容	10			
		4. 是否熟悉车站照明系统的启用条件	8			
		5. 是否正确使用环境与设备监控系统进行车站停电应急处理	10			
	岗位职责	1. 是否熟悉车站清客时的应急处理流程	10			
		2. 是否熟悉车站清客时各岗位职责	10			
职业素养能力	人际沟通能力	是否具备站务人员与他人沟通交流的能力	8			
	团队合作能力	是否具备团队合作意识，是否与他人合作良好	8			
	地铁服务意识	安全、准确、高效率、重服务品质的服务意识，严谨、认真、细致的职业素质	8			
合计						

	小组讨论并总结：
	指导老师评价：
	任务完成人签字： 　　　　　　　　　　　　　　　　　　　　　日期：　　年　　月　　日 指导老师签字： 　　　　　　　　　　　　　　　　　　　　　日期：　　年　　月　　日
任务总结阶段	1. 掌握了哪些技能（知识）。 2. 是否完成了预先制定的目标？ 3. 任务实施过程中的收获及经验教训。

【资料拓展】

环境与设备监控系统

环境与设备监控系统简称 BAS（Building Automation System），是对轨道交通给车站

IAO设备、给排水系统设备、电梯系统设备、低压配电与动力照明系统设备等车站机电设备进行全面、有效的自动化监控及管理，确保设备处于安全、可靠、高效、节能的最佳运行状态，从而提供舒适的乘车环境，并能在列车阻塞事故状态下，更好地协调车站设备的运行，充分发挥各种设备应有的作用，保证乘客的安全和设备的正常运行。

BAS系统有两种存在形式：当线路不设综合监控系统时，作为独立的系统出现；当线路设置有综合监控系统时，以综合监控系统的集成子系统的形式出现。

任务二　综合后备控制盘（IBP）

班级		学习小组	
姓名		参考学时	
\[实践性工作任务描述\]　城市轨道交通站务人员一般在车站站厅、站台以及车控室任职，其中行车值班员在车控室中的一项重要工作任务就是对整个车站进行监控，以确保车站的运营安全。本工作任务的设计旨在提高学生对综合后备控制盘的认知，提高学生的动手实践能力。			
\[知识技能要求\] 1. 了解综合监控系统的主要设备。 2. 了解综合后备控制盘的概念。 3. 掌握综合后备控制盘面的操作。 4. 掌握综合后备控制盘的功能。			
资讯准备阶段：知识储备&任务描述	\[基础知识储备\] 1. 画出典型车站综合监控系统结构图。 2. 简述车站综合监控系统主要由哪些设备组成，各自有哪些功能？		

3. 简述综合后备控制盘的概念。

4. 综合后备控制盘上设置了各类紧急控制按钮、状态指示灯等，当车站发生突发事件时，可以采用人工操作的方式，直接对 IBP 盘上的按钮进行操作，从而实现某些设备的远程单动操作，请结合实训基地 IBP 盘上的信号系统（SIG）回答下列问题：

（1）当按下 SIG 中的紧急停车按钮时，IBP 盘上有哪些信号灯会亮？

（2）简述紧急停车与扣车的区别。

5. 结合实际，请分析为什么在实际工作中，地铁工作人员很少使用 IBP 盘上的按钮进行远程操作，而是尽量安排工作人员到现场查看后，在现场进行就地操作？

6. 简述地铁车站车控室内 IBP 都可以实现哪些操作。

7. 简述行车值班员在车控室内有哪些工作内容，当行车值班员通过监控系统监视到情况异常时，他应当如何进行处理。

【任务描述】
综合后备控制盘的使用。
（一）任务描述

6 月 1 日，由于游乐园举行"庆六一，免费游园"主题活动，预计某地铁 2 号线游乐园站有可能会发生大客流事件。该日 8 时 45 分，距离游乐园正式开门还有 15 分钟，此时游乐园车站人数急剧上升，乘客人数已经超过之前预计的人数。通过综合监控系统的监视，发现闸机出口处已人满为患，尤其以老人和小孩居多，为保证乘客的安全，车站启用广播系统提醒乘客注意安全，同时通过 IBP 盘远程控制出站闸机将闸门全部打开，方便乘客出站离开。为预防踩踏事件的发生，利用 IBP 盘将车站自动扶梯全部关闭。

（二）任务要求

1. 查阅各城市轨道交通车站大客流事件的应急处理流程，按照其规定进行操作。

2. 实训过程应在配备综合监控系统和综合后备控制盘的仿真实训室或地铁车站车控室内进行。

3. 通过此次任务练习，让学生熟悉综合监控系统和综合后备控制盘的使用方法。

4. 注重考查学生对知识是否灵活运用，要求学生掌握相关的岗位职责，及相关应急预案处理流程。

（三）实训条件

1. 任务演示过程在实训基地完成，演示环节涉及的主要内容有：

（1）设备及场地：车控室、综合监控系统、综合后备控制盘、CCTV、对讲机、广播等。

（2）人员安排：4~6名学生一组。

2. 考核评价。

依据考核评价表中内容进行考核。

计划决策阶段：任务实施与方案制定

【信息查阅及资源获取】

1. 参考《城市轨道交通车站设备》中与综合后备控制盘相关的章节内容。
2. 参考《城市轨道交通车站综合监控系统》中综合后备控制盘的相关内容。
3. 浏览地铁官方网站，熟悉地铁车站综合后备控制盘的相关规定。

【教师任务指导方向】

1. 通过"基础知识储备"学习本任务的知识要点。
2. 城市轨道交通车控室内综合后备控制盘的组成及各部分功能。
3. 城市轨道交通车控室内综合后备控制盘的应用。

【学生任务方案制定】

以小组为单位，根据工作页上的提示完善表格（包含岗位、处理步骤、使用工具、标准用语等）。

小组成员分工表					
厅巡岗	站台岗	票务岗	值班员（行值/客值）	值站	站长
车站岗位职责内容描述					
厅巡岗					
站台岗					
票务岗					
行车值班员					
客运值班员					
值站					
站长					

<table>
<tr><td rowspan="3">任务实施阶段</td><td colspan="2">

【实施要求】

根据讨论的结果并完成综合后备控制盘的使用任务，小组选派代表阐述本小组的设计思路、要点。阐述完后，小组成员共同协作，完成此次任务。

小组阐述时，其余各组认真听讲并做好记录，各小组依次汇报。

时间：_____   地点：_____

实施过程注意事项：_____

实施过程记录另附。

</td></tr>
</table>

通过个人工作页的完成情况及任务成果的小组展示，完成本次学习任务的检查与评价，具体考核标准参照考核表。

综合后备控制盘的使用任务考核评价表

【考核目标】
1. 熟悉综合监控系统的功能和使用。
2. 掌握综合后备控制盘的功能。
3. 掌握综合后备控制盘各按钮的使用。
4. 掌握综合后备控制盘的操作。
5. 培养学生职业素养能力和团队合作能力。

考核项目		考核标准	分值	自评 20%	互评 30%	师评 50%
专业能力	综合监控系统的使用	1. 是否熟悉综合监控系统的功能	5			
		2. 是否熟悉综合监控系统操作及使用方法	5			
		3. 是否正确使用PA系统提醒乘客注意不要拥挤	5			
	综合后备控制盘的使用	1. 是否熟悉综合后备控制盘各按钮功能	10			
		2. 是否能正确使用综合后备控制盘的使用方法	10			
		3. 是否正确使用综合后备控制盘打开出站闸闸机扇门	10			
		4. 是否正确使用综合后备控制盘关闭自动扶梯	10			
		5. 是否正确使用综合后备控制盘处理车站应急事务	5			
	岗位职责	1. 是否熟悉车控室内各岗位工作人员的工作内容	10			

（检查评价阶段）

		2. 是否正确摆放铁马等工具	5			
		3. 是否正确引导站内乘客快速有序地离开车站	10			
职业素养能力	人际沟通能力	是否具备站务人员与他人沟通交流的能力	5			
	团队合作能力	是否具备团队合作意识,是否与他人合作良好	5			
	地铁服务意识	安全、准确、高效率、重服务品质的服务意识,严谨、认真、细致的职业素质	5			
合计						

小组讨论并总结:

指导老师评价:

任务完成人签字:

日期: 年 月 日

指导老师签字:

日期: 年 月 日

任务总结阶段	1. 掌握了哪些技能(知识)。

2. 是否完成了预先制定的目标？

3. 任务实施过程中的收获及经验教训。

【资料拓展】

使用 IBP 盘进行自动扶梯与电梯紧急停止操作

在正常运营的情况下，自动扶梯及电梯均采用就地控制方式。当车站发生火灾或在其他紧急情况下，自动扶梯及电梯由 IBP 盘进行控制。具体操作如下：

将自动扶梯及电梯模块钥匙插进锁孔，旋转至"允许"位置时，"允许"一端的灯亮起。激活 IBP 盘的操作。

自动扶梯操作。如发生火灾，则按压扶梯火灾模式按钮；如发生其他紧急情况，则按压扶梯停止按钮。

电梯操作。发生紧急情况时，按压电梯归零控制按钮。

操作完成后，将钥匙从"允许"位置旋转回"禁止"位置，恢复为正常控制模式。

任务三　通过 IBP 盘实现火灾时设备的紧急控制

班级		学习小组	
姓名		参考学时	

【实践性工作任务描述】

城市轨道交通站务人员一般在车站站厅、站台以及车控室任职，其中行车值班员在车控室中的一项重要工作任务就是对整个车站进行监控，以确保车站的安全运营。本工作任务的设计旨在提高学生对 IBP 的使用水平，提高学生的动手实践能力。

【知识技能要求】

1. 掌握综合监控系统的使用。
2. 熟悉综合后备控制盘的使用要求。
3. 掌握车站火灾时 IBP 的使用。
4. 掌握车站火灾时的应急处理流程。
5. 掌握综合后备控制盘上的紧急操作按钮。

资讯准备阶段：知识储备&任务描述

【基础知识储备】

1. 结合之前所学知识，简述车站综合监控系统的组成及功能。

2. 简述综合后备控制盘共分哪几部分，分别实现哪些功能。

3. 简述地铁车站发生火灾时的应急处理流程。

4. 简述地铁车站发生火灾时，车控室内工作人员应进行哪些操作？

5. 简述地铁车站发生火灾时，车站环控系统的工作方式。

6. 结合实际简述：为防止出现误报警现象，车控室内工作人员在 IBP 盘上接到报警信号后，应采取哪些措施。

7. 简述地铁车站发生火灾时，站务人员各工作岗位的岗位职责内容。

【任务描述】

通过 IBP 盘实现火灾时设备的紧急控制。

（一）任务描述

1 月 30 日，正值春节返乡高峰期，火车站车站客流量较大。在车站站厅层的一名乘客携带烟花爆竹等违禁品，并违反相关规定在站厅层试图抽烟，站厅层工作人员上前劝阻该乘客，但该名乘客拒不服从管理，在拉扯中该乘客不小心点燃烟花造成站厅层起火。车控室内工作人员通过 IBP 盘接到火灾报警信息后，迅速安排工作人员前往事发地点进行处理。为保证车站内乘客的安全，工作人员通过 IBP 盘上火灾紧急操作按钮进行操作，组织车站内乘客有秩序地疏散。多亏工作人员的及时处理，未造成人员伤亡，而造成火灾事故的乘客也因为自己的行为受到严厉的处罚。

（二）任务要求

1. 查阅各城市轨道交通车站火灾事件的应急处理流程，按照相关规定进行操作。
2. 实训过程应在具有配备监控系统和综合后备控制盘的仿真实训室或地铁车站车控室内进行。
3. 通过此次任务练习，让学生掌握如何使用综合后备控制盘处理火灾事故。
4. 注重考查学生对知识的灵活运用，要求学生掌握相关的岗位职责及相关应急预案处理流程。

（三）实训条件

1. 任务演示过程在实训基地完成，演示环节涉及的主要内容有：
（1）设备及场地：车控室、综合监控系统、综合后备控制盘、CCTV、对讲机、广播等。

	（2）人员安排：4~6名学生一组。 2. 考核评价。 依据考核评价表中的内容进行考核。
计划决策阶段：任务实施与方案制定	【信息查阅及资源获取】 1. 参考《城市轨道交通车站设备》中与综合后备控制盘相关的章节内容。 2. 参考《城市轨道交通车站监控系统》中的相关内容。 3. 浏览地铁官方网站，熟悉地铁车站综合后备控制盘的相关使用规定。 【教师任务指导方向】 1. 通过"基础知识储备"学习本任务的知识要点。 2. 城市轨道交通车控室综合后备控制盘的使用。 3. 城市轨道交通车控室综合后备控制盘在火灾等突发情况下的使用注意事项。 【学生任务方案制定】 以小组为单位，根据工作页上的提示完善表格（包含岗位、处理步骤、使用工具、标准用语等）。 小组成员分工表 | 厅巡岗	站台岗	票务岗	值班员（行值/客值）	值站	站长
---	---	---	---	---	---
					| 车站岗位职责内容描述 | 厅巡岗	
站台岗	
票务岗	
行车值班员	
客运值班员	
值站	
站长		
任务实施阶段	【实施要求】 根据讨论的结果完成 IBP 实现火灾紧急控制的任务演练，小组选派代表阐述本小组的设计思路、要点。阐述完后，小组成员共同协作，完成此次任务。 小组阐述时，其余各组认真听讲并做好记录工作，各小组依次汇报。 时间：_____ 地点：_____ 实施过程注意事项：_____ 实施过程记录另附。

检查评价阶段	通过个人工作页的完成情况，及任务成果的小组展示，完成本次学习任务的检查与评价工作，具体考核标准参照考核表。						
	通过 IBP 盘实现火灾时设备的紧急控制任务考核评价表						
	【考核目标】 1. 熟悉综合监控系统的功能和使用。 2. 掌握综合后备控制盘的功能。 3. 掌握综合后备控制盘火灾按钮的使用。 4. 掌握车站火灾事故的应急处理流程。 5. 培养学生职业素养能力和团队合作能力。						
	考核项目		考核标准	分值	自评 20%	互评 30%	师评 50%
	专业能力	综合监控系统的使用	1. 是否熟悉综合监控系统的操作及使用	10			
		综合后备控制盘的使用	1. 是否熟悉综合后备控制盘各按钮功能	10			
			2. 是否能正确使用综合后备控制盘的使用方法	10			
			3. 是否正确使用综合后备控制盘启动火灾紧急按钮	10			
			4. 是否正确使用综合后备控制盘关闭自动扶梯	10			
		岗位职责	1. 是否熟悉车站火灾时，各岗位工作人员的工作职责	10			
			2. 是否熟悉车站火灾的应急处理流程	10			
			3. 是否正确组织救援	10			
			4. 是否正确引导乘客快速有序离开车站	5			
	职业素养能力	人际沟通能力	是否具备站务人员的与他人沟通交流的能力	5			
		团队合作能力	是否具备团队合作意识，是否与他人合作良好	5			
		地铁服务意识	安全、准确、高效率、重服务品质的服务意识，严谨、认真、细致的职业素质	5			
	合计						

小组讨论并总结：

	指导老师评价：
	任务完成人签字： 日期：　年　月　日 指导老师签字： 日期：　年　月　日
任务总结阶段	1. 掌握了哪些技能（知识）。 2. 是否完成了预先制定的目标。 3. 任务实施过程中的收获及经验教训。

项目五　城市轨道交通自动扶梯及电梯系统

任务一　自动扶梯结构及运行方向

班级		学习小组	
姓名		参考学时	
【实践性工作任务描述】 自动扶梯是以电力驱动，带有循环运动阶梯连续运送乘客的斜置运输机械。自动扶梯可以始终朝一个方向运行，也可以根据时间、人流等需要，由管理人员控制行走方向。其具有结构紧凑、安全可靠、安装维修简单方便等特点。在客流大而集中的场所，如地铁车站、大型商场等处得到广泛应用。车站站务人员一般在车站站厅、站台担任服务岗位，需了解自动扶梯基本参数、基本构造和原理，熟悉自动扶梯在地铁运行中的作用。在站台区域工作时，巡视岗主要负责车站管理范围内的巡视和秩序维持，需要具备熟练操作地铁扶梯及直梯的岗位技能。			
【知识技能要求】 1. 了解自动扶梯基本参数。 2. 了解自动扶梯的基本构造和原理。 3. 熟悉自动扶梯在地铁运行中的作用。			

资讯准备阶段：知识储备＆任务描述

【基础知识储备】

1. 请写出下图中城市轨道交通自动扶梯总体结构包含的11个主要部件。

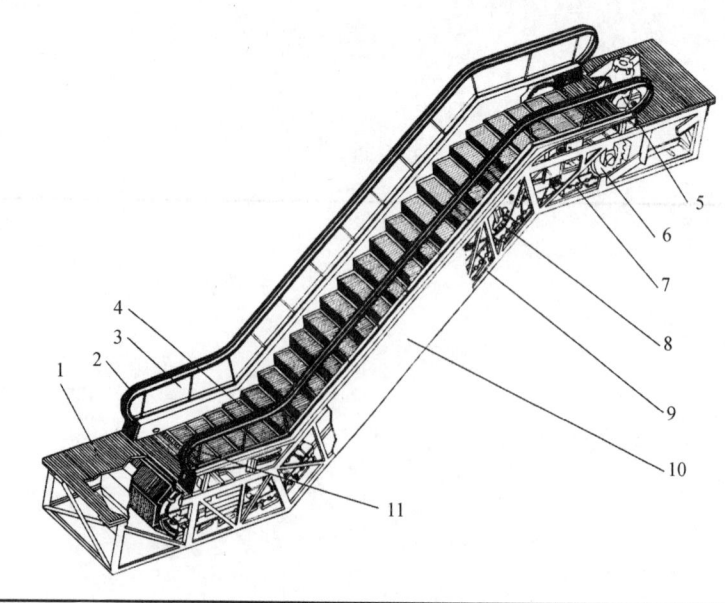

2. 简述城市轨道交通自动扶梯各组成部分的主要功能。

3. 简述城市轨道交通自动扶梯的工作原理。

4. 简述自动扶梯在地铁运行中的作用。

【任务描述】
自动扶梯系统结构调研及运行方向优化。
（一）任务描述
城市轨道交通车站在运营过程中，自动扶梯作为运输乘客的工具有很广泛的应用。在车站日常运营中，自动扶梯往往会根据时间、人流等需要，由管理人员控制行走方向。为了满足车站快速集散客流、方便乘客出行等需求，要求同学们进行我市城市轨道交通地铁车站实地调研，分析各车站自动扶梯结构、布置位置及开行方向。根据观察到的情况，小组讨论、分析该车站自动扶梯各时间段开行方向是否合理，并提出优化方案。

要求：提交调研报告一份，车站自动扶梯运行方向优化方案一份。
（二）实践规则
1. 分组进行城市轨道交通地铁车站实地调研，重点观察自动扶梯结构、布置位置及开行方向、车站客流情况。根据调查情况提出优化方案。

	（1）设备及场地：轨道交通实训基地、城市轨道交通车站自动扶梯。 （2）人员安排：4~6名学生一组。 2. 考核评价。 依据考核评价表中内容进行考核。
计划决策阶段：任务实施与方案制定	【信息查阅及资源获取】 1. 参考《城市轨道交通车站设备》中的相关内容。 2. 参照《地铁设计规范》GB 50157—2013 中相关内容。 3. 参考《城市轨道交通线路和车站》PPT。 【教师任务指导方向】 1. 通过"基础知识储备"学习本任务应掌握的知识要点。 2. 城市轨道交通自动扶梯的组成部分及工作原理。 3. 城市轨道交通自动扶梯在车站运营中的应用。 以小组为单位，在掌握城市轨道交通自动扶梯的组成部分及工作原理的基础上，根据工作页上提示，进行地铁车站实地调研，观察各车站自动扶梯结构、布置位置及开行方向。根据观察到的情况，小组讨论、分析该车站自动扶梯各时间段开行方向是否合理，并提出优化方案。 典型车站选择：
任务实施阶段	【实施要求】 通过 PPT 展示本小组调研报告，根据调研报告和设计的优化方案，小组选派代表阐述本小组的设计思路、要点。 小组阐述时，其余各组认真听讲并做好记录，各小组依次汇报。 时间：_____ 地点：_____ 实施过程注意事项：_____ 实施过程记录另附。
检查评价阶段	通过个人工作页的完成情况，及任务成果的小组展示，完成本次学习任务的检查与评价，具体考核标准参照考核表。

考核项目		考核标准	分值	自评 20%	互评 30%	师评 50%
专业能力	自动扶梯	自动扶梯结构	20			
		自动扶梯布置位置	10			
		扶梯开行方向	10			
	开行方向优化	符合设计要求	20			

		小组汇报	准确表述、展示	10		
	职业素养能力	人际沟通能力	是否具备站务人员与他人沟通交流的能力	10		
		团队合作能力	是否具备团队合作意识,是否与他人合作良好	10		
		地铁服务意识	安全、准确、高效率、重服务品质的服务意识,严谨、认真、细致的职业素质	10		
	合计					

小组讨论并总结:

指导老师评价:

任务完成人签字:

日期: 年 月 日

指导老师签字:

日期: 年 月 日

任务总结阶段	1. 掌握了哪些技能(知识)。 2. 是否完成了预先制定的目标?

3. 任务实施过程中的收获及经验教训。

任务二　车站电梯系统

班级		学习小组	
姓名		参考学时	

【实践性工作任务描述】

根据无障碍设计要求，在车站内、站厅层至站台层之间宜设垂直电梯，以方便残疾人及携带重行李的旅客通行。电梯的结构组成部分，可分为机械装置与电气控制系统两大部分。车站站务人员一般在车站站厅、站台担任服务岗位，需了解电梯基本参数、基本构造和原理，熟悉电梯在地铁运行中的作用。在站台区域工作时，巡视岗主要负责车站管理范围内的巡视和秩序维持，需要具备熟练操作地铁扶梯及直梯的岗位技能。

【知识技能要求】

1. 了解电梯的基本参数。
2. 了解电梯的基本构造和原理。
3. 熟悉电梯的在地铁运行中的作用。

资讯准备阶段：知识储备&任务描述

【基础知识储备】

1. 填写城市轨道交通电梯的八个系统的功能及主要构件与装置。

	功　能	主要构件与装置
曳引系统		曳引机、曳引钢丝绳、导向轮、反绳轮等
导向系统		轿厢（对重）导轨、导靴及其导轨架等
轿厢		轿厢架和轿厢体
门系统		轿厢门、层门、开关门系统及门附属零部件
重量平衡系统		对重装置和重量补偿装置
电力拖动系统		曳引电动机、供电系统、速度反馈装置、电动机调速装置等
电气控制系统		操纵箱、召唤箱、位置显示装置、控制柜、平层装置、限位装置等
安全保护系统		机械保护系统：限速器、安全钳、缓冲器、端站保护装置等
		电气保护系统：超速保护装置、供电系统断相错相保护装置、超越上下极限工作位置的保护装置、层门锁与轿门电气联锁装置等

2. 简述城市轨道交通自动扶梯的工作原理。

3. 简述自动扶梯在地铁运行中的作用。

【任务描述】
设置地铁车站电梯设备的布局。
(一)任务描述
在理论学习车站电梯系统后,学习参观某一地铁车站,了解该站电梯布置规则。根据电梯系统的布置原则,以及该车站的地理位置等因素综合考虑,进行车站的电梯系统设置,并注明设计原因。
要求:提交 PPT 一份,电梯系统布局设计图一份。
(二)实践规则
1. 任务演示过程在实训基地完成,演示环节涉及的主要内容有:

计划决策阶段：任务实施与方案制定	（1）设备及场地：大空间的实训基地、纸、笔。 （2）人员安排：4~6名学生一组。 2. 考核评价。 依据考核评价表中内容进行考核。
	【信息查阅及资源获取】 1. 参考《城市轨道交通车站设备》中的相关内容。 2. 参照《地铁设计规范》（GB 50157—2013）中的相关内容。 3. 参考《城市轨道交通线路和车站》PPT。
	【教师任务指导方向】 1. 通过"基础知识储备"学习本任务应掌握的知识要点。 2. 及时指出学生在计划决策过程中的不当之处并给予建议。
	【学生任务方案制定】 以小组为单位，在掌握城市轨道交通电梯的组成部分及工作原理的基础上，根据工作页上提示，进行地铁车站实地调研，观察各车站电梯结构、布置位置。根据观察到的情况，小组讨论分析电梯设计方案。 典型车站选择：
任务实施阶段	【实施要求】 PPT展示本小组调研报告，根据调研报告和设计方案，小组选派代表阐述本小组的设计思路、要点。 小组阐述时，其余小组认真听讲并做好记录，各小组依次汇报。 实施记录： 时间：_____ 地点：_____ 实施过程注意事项：_____ 实施过程记录另附。
检查评价阶段	通过个人工作页的完成情况，及任务成果的小组展示，完成本次学习任务的检查与评价，具体考核标准参照考核表。 **电梯系统认知考核表** 【考核目标】 1. 熟悉电梯系统的组成。 2. 掌握电梯系统各功能模块。 3. 掌握电梯系统的车站布置原则。 4. 培养学生职业素养能力。

	考核项目	考核标准	分值	自评 20%	互评 30%	师评 50%
专业能力	电梯系统的组成	说出电梯系统跟部分组成结构名称及作用	15			
	电梯系统分层图	1. 系统图结构是否合理	10			
		2. 各部分结构功能是否清晰	10			
	电梯系统的布置原则	1. 布置原则是否合理	10			
		2. 布置原则是否符合设计要求	10			
		3. 布置原则是否考虑车站客流量等实际问题	10			
	电梯系统的使用	是否熟练掌握电梯系统的各部分功能	15			
职业素养能力	人际沟通能力	是否具备站务人员与他人沟通交流的能力	10			
	团队合作能力	是否具备团队合作意识，是否与他人合作良好	10			
	地铁服务意识	安全、准确、高效率、重服务品质的服务意识，严谨、认真、细致的职业素质	10			
合计						

小组讨论并总结：

指导老师评价：

任务完成人签字：

日期：　　年　月　日

指导老师签字：

日期：　　年　月　日

任务总结阶段	1. 掌握了哪些技能（知识）。 2. 是否完成了预先制定的目标？ 3. 任务实施过程中的收获及经验教训。

任务三　自动扶梯及电梯系统的日常操作及应急事故处理方法

班级		学习小组	
姓名		参考学时	

【实践性工作任务描述】

地铁车站电梯设备是城市轨道交通地铁车站最为重要的机电设备之一。自动扶梯与垂直电梯是地铁车站建筑中必不可少的运输工具，其运行质量直接关系到乘坐人员的生命安全，所以必须把电梯运行的安全性放在首位。为保障电梯的安全运行，应针对各种可能发生的危险，设计应急事故处理措施。通过本任务的学习，学生可掌握城市轨道交通车站自动扶梯及垂直电梯的日常操作及应急事故处理方法。

【知识技能要求】

1. 掌握自动扶梯的操作。
2. 掌握垂直电梯的操作。
3. 了解自动扶梯与垂直电梯的常见故障。
4. 了解自动扶梯与垂直电梯设备出现故障时的应急处理流程。

资讯准备阶段：知识储备&任务描述

【基础知识储备】

1. 简述自动扶梯操作面板的三个按钮的功能。

2. 自动扶梯与垂直电梯出现故障的情况主要有哪些？

3. 绘制自动扶梯正常开梯操作流程图。

4. 绘制自动扶梯正常停梯操作流程图。

【任务描述】

自动扶梯及电梯系统的应急事故处理。

（一）任务描述

2017年3月27日13时40分，某市地铁3号线某某站A端自动扶梯设备突然逆

	行，现场有1名乘客客伤。现要求当班班组立即进行处理，按照规范程序操作。保证乘客安全，避免车站客流堵塞。 （二）任务要求 1. 查阅各城市轨道交通自动扶梯的管理规定，按照规定进行操作。 2. 实训过程应在具有自动扶梯设备的实训室或仿真实训室内进行。 3. 通过此次任务练习，让学生熟悉自动扶梯突发应急事件的操作方法。 4. 注重考查学生对知识的灵活运用，要求学生掌握相关的岗位职责，及自动扶梯电梯设备故障下的应急预案处理流程。 （三）实践指导 1. 任务演示过程在实训基地完成；人员安排：4~6名学生一组。 2. 考核评价。 依据考核评价表中内容进行考核。
计划决策阶段：任务实施与方案制定	【信息查阅及资源获取】 1. 参考《城市轨道交通车站设备》中与自动扶梯相关内容。 2. 参考《地铁站自动扶梯事故处理》中的内容。 3. 观看自动扶梯及垂直电梯操作视频。 【教师任务指导方向】 1. 通过"基础知识储备"学习本任务应掌握的知识要点。 2. 城市轨道交通自动扶梯组成及各部分工作原理。 3. 城市轨道交通自动扶梯正常与非正常情况下的操作流程。 4. 带领学生熟悉进行任务的实训场地与工具设备。 【学生任务方案制定】 以小组为单位，根据工作页上的提示完善表格（包含岗位、处理步骤、使用工具、标准用语等）。 小组成员分工表 | 厅巡岗 | 站台岗 | 票务岗 | 值班员（行值/客值） | 值站 | 站长 | |---|---|---|---|---|---| | | | | | | | 车站岗位职责内容描述 | 厅巡岗 | | |---|---| | 站台岗 | | | 票务岗 | | | 行车值班员 | | | 客运值班员 | | | 值站 | | | 站长 | |

任务实施阶段	【实施要求】 根据制定的流程,分组在实训场地利用现场设备完成当班任务,体验完整工作过程。一组完成后,依次演练。其余各组观摩各小组展示过程,并记录。 时间:_____　　　　地点:_____ 实施过程注意事项:_____ 实施过程记录另附。
检查评价阶段	通过个人工作页的完成情况,及任务成果的小组展示,完成本次学习任务的检查与评价,具体考核标准参照考核表。

自动扶梯及电梯系统的应急事故处理考核评价表

【考核目标】
1. 熟悉自动扶梯的结构组成及功能。
2. 熟练掌握自动扶梯故障流程。
3. 具备扎实的基础知识和良好的职业素养。

考核项目		考核标准	分值	自评 20%	互评 30%	师评 50%
专业能力	自动扶梯的操作	1. 是否正确开启关闭自动扶梯	10			
		2. 是否熟悉自动扶梯各操作按钮的功能	10			
	自动扶梯的结构及功能	1. 是否熟悉自动扶梯的内部结构模块	10			
		2. 是否熟悉自动扶梯的模块功能	10			
		3. 是否熟悉紧急停梯操作	10			
		4. 自动扶梯紧急停梯后重新开梯操作是否符合规定,有无违规操作	10			
	应急处理	1. 发现自动扶梯故障后,是否按照自动扶梯故障上报流程进行上报及检修	10			
		2. 处理时,是否安放警示牌	5			
		3. 是否熟悉站务人员的相关岗位职责	10			
职业素养能力	人际沟通能力	是否具备站务人员与他人沟通交流的能力	5			
	团队合作能力	是否具备团队合作意识,是否与他人合作良好	5			
	地铁服务意识	安全、准确、高效率、重服务品质的服务意识,严谨、认真、细致的职业素质	5			
合计						

	小组讨论并总结：
	指导老师评价：
	任务完成人签字： 　　　　　　　　　　　　　　　　　　　　日期：　　年　月　日 指导老师签字： 　　　　　　　　　　　　　　　　　　　　日期：　　年　月　日
任务总结阶段	1. 掌握了哪些技能（知识）。 2. 是否完成了预先制定的目标？ 3. 任务实施过程中的收获及经验教训。

【资料拓展】

地铁站自动扶梯应急事故处理

工作人员对自动扶梯进行维修

（一）错误使用"急停开关"

如果发生扶梯"急停开关"动作，应马上赶赴现场并查明急停启动原因，如果被确认是误动作造成，重新启动。如果是未知原因，应向设备维护人员报修，维护人员修复后重新启动。需要注意的是，重新开启扶梯时，应确保自动扶梯上没有乘客。

（二）电源发生故障

当电源恢复正常时，可用开关开启自动扶梯。需要注意当电源发生故障时，应用扩音器向乘客作出指示。

（三）扶梯异响

出现不正常的杂音和振动的位置（如顶部、底部或中间）及状况（连续或间歇）等情况时，应关闭扶梯，并及时通知保养人员维修。

（四）异味或冒烟

发现有异味或冒烟时，应立即关闭扶梯，并立即疏散乘梯乘客，做好适当防护，马上通知保养人员。

（五）扶梯无法启动

查看故障代码，报修，停用自动扶梯，设置防护。

（六）扶梯自然停止

如自动扶梯自然停止，IBP盘上无报警，现场也无故障代码时，应马上报修，停用自动扶梯并设置防护。

（七）护壁破裂

发现玻璃护壁板破裂时，立即关闭扶梯并通知保养人员更换。

（八）火警

若发生火警，要保持镇定及采取适当行动。应马上用广播通知车站内所有人员，停止所有扶梯及关闭防火门，疏散乘客，带领乘客经楼梯逃生。切勿利用扶梯作逃生用途，因当心电力中断而使扶梯突然停顿，此时乘客容易发生意外及造成更大的恐慌。需要注意，在关闭扶梯前，需鸣警钟以提醒乘客及确定扶梯上有无乘客。

（九）浸水

当扶梯浸于水中，应立即关闭扶梯。若扶梯四周都有水流，要阻挡水流保护扶梯并通知保养人员检查机件。在保养人员检查机件前，不得使用扶梯。

（十）取出陷入自动扶梯的物件的步骤

（1）按扶梯的"停止按钮"。

（2）关闭机房内的主电源隔离开关。

（3）在自动扶梯处设置路障，提示乘客发生意外情况。

（4）采取手拉方式，看能否将卷入物件拉出，能否松动卷入物件。如果被卷入的物件可以松动，则先取出被卷入的物件，再检查梯级和挡板是否因物件的卷入而造成故障。如果被卷入的物件不可以松动，已被卷入梳状装置中，用六角扳手拧松螺丝，取下梳状装置组件，取出被卷入的物件。如果被卷入的物件陷入挡板和梯级之间，用螺丝刀或其他工具轻轻将挡板向内扳动，以便拉出物件。

（5）如果陷入的是人，则应尽快通过行调向消防部门寻求协助。

（6）故障处理完毕后，应将故障和偶发事件详细情况报告给车站电梯维护人员，并将详细的情况记录在电梯/自动扶梯维护日志中。

（十一）处理反转现象

反转指的是自动扶梯突然沿原运转方向相反的方向运转。反转现象很少发生，但是一旦发生，会对乘客形成极大的危害。

（1）发现反转或者接到反转报告的维护人员应立即启动急停按钮，自动扶梯停止后协助受困者和受伤者尽快脱离危险区域，立即通知车站运营管理人员，停用自动扶梯，设置防护。

（2）车站运营管理人员在接到相关事故的报告后，应立即安排人员在自动扶梯两端设立"暂停服务"路障，检查自动扶梯机房内的故障显示盘，记录所显示的故障，并打开主隔离开关，在主隔离开关上挂牌，提示禁止操作。将反转的详细情况通知车站维护人员，将详细情况记录于电梯/自动扶梯维护日志中。

（3）只有经过授权工程人员的认证后，才能将自动扶梯恢复正常运行。

项目六　城市轨道交通车站机电设备

任务一　低压配电及照明系统

班级		学习小组	
姓名		参考学时	

【实践性工作任务描述】

　　城市轨道交通站务人员一般在车站站厅、站台担任服务岗位，需熟练掌握车站设备的操作，本工作任务的设计旨在提高学生对低压配电及照明系统的认知，提高学生的动手实践能力。

【知识技能要求】

1. 掌握车站低压配电及照明系统的组成。
2. 掌握车站低压配电及照明系统的供配电方案和负荷情况。
3. 掌握车站照明系统负荷的类型。
4. 了解车站照明系统的供配电方案及控制方式。
5. 了解车站低压配电及照明系统的主要设备及功能。
6. 了解车站低压配电及照明系统的故障处理流程及方法。

资讯准备阶段：知识储备&任务描述

【基础知识储备】

1. 简述地铁车站用电设备用电负荷等级的划分。

2. 简述车站低压配电系统的主要设备及功能。

3. 简述车站照明系统的控制位置及控制方式。

4. 简述车站事故照明负荷时的供电方式。

5. 简述照明系统的控制范围。

6. 结合实际，简述车站低压配电及照明系统有哪些重要性。

【任务描述】
车站低压配电及照明系统。
（一）任务描述
10月1日，某地铁10号线步行街车站与中心广场车站区间停电，由于正值假期，车厢内乘客人数较多，大部分为老人和小孩。停电后，车厢内乘客因不明原因停电，发生拥挤，有一名老人因惊吓突发心脏病。距离事发地点最近的步行街车站在接到报警信息后，迅速启动车站应急照明设备，组织工作人员进行乘客疏散并与急救中心取得联系。

	（二）任务要求 1. 查阅各城市轨道交通车站低压配电及照明系统的相关规定，结合此次任务组织学生进行模拟演练。 2. 通过此次任务练习，加深了学生对车站低压配电及照明系统的应用认知，将书本知识与实际问题有效结合起来。 3. 注重考查学生对车站低压配电及照明系统突发故障的应急处理能力。 4. 掌握照明设备故障的应急处理能力，熟悉站务人员各工作岗位职责。 **（三）实训条件** 1. 任务演示过程在实训基地完成，演示环节涉及的主要内容有： （1）设备及场地：车控室、车辆模型、对讲机等。 （2）人员安排：4~6名学生一组。 2. 考核评价。 依据考核评价表中内容进行考核。
计划决策阶段：任务实施与方案制定	【信息查阅及资源获取】 1. 参考《城市轨道交通车站设备》中与车站机电设备相关的章节内容。 2. 参考《城市轨道交通车站低压配电及照明系统》中的相关内容。 3. 浏览地铁官方网站，熟悉地铁车站低压配电及照明系统的相关规定。 【教师任务指导方向】 1. 通过"基础知识储备"学习本任务应掌握的知识要点。 2. 城市轨道交通车站低压配电及照明系统的组成及各部分功能。 3. 城市轨道交通车站低压配电及照明系统的应用。 【学生任务方案制定】 以小组为单位，根据工作页上的提示完善表格（包含岗位、处理步骤、使用工具、标准用语等）。 小组成员分工表 | 厅巡岗	站台岗	票务岗	值班员（行值/客值）	值站	站长
---	---	---	---	---	---
					| 车站岗位职责内容描述 | 厅巡岗	
站台岗	
票务岗	
行车值班员	
客运值班员	
值站	
站长		

任务实施阶段	**【实施要求】** 根据讨论的结果完成低压配电及照明系统任务，小组选派代表阐述本小组的设计思路、要点。阐述完后，小组成员共同协作，完成此次任务。 小组阐述时，其余各组认真听讲并做好记录，各小组依次汇报。 时间：_____ 地点：_____ 实施过程注意事项：_____ 实施过程记录另附。
检查评价阶段	通过个人工作页的完成情况，及任务成果的小组展示，完成本次学习任务的检查与评价，具体考核标准参照考核表。

车站低压配电及照明系统任务考核评价表

【考核目标】
1. 掌握车站低压配电及照明系统的组成。
2. 掌握车站照明系统负荷的类型。
3. 了解车站低压配电及照明系统的主要设备及功能。
4. 了解车站低压配电及照明系统的故障处理流程及方法。

	考核项目	考核标准	分值	自评 20%	互评 30%	师评 50%
专业能力	车站照明系统的使用	1. 是否熟悉车站照明系统的组成	10			
		2. 是否熟悉车站照明系统的功能	10			
		3. 是否正确处理车站照明系统的使用	10			
		4. 是否熟悉车站照明系统故障的处理流程	10			
		5. 是否掌握车站照明系统的负荷等级	10			
	岗位职责	1. 是否熟悉车站照明系统故障的应急处理流程	10			
		2. 是否熟悉车站照明系统发生故障时，各岗位工作职责	10			
职业素养能力	人际沟通能力	是否具备站务人员与他人沟通交流的能力	10			
	团队合作能力	是否具备团队合作意识，是否与他人合作良好	10			
	地铁服务意识	安全、准确、高效率、重服务品质的服务意识，严谨、认真、细致的职业素质。	10			
合计						

	小组讨论并总结：			
	指导老师评价：			
	任务完成人签字：			
		日期：	年	月 日
	指导老师签字：			
		日期：	年	月 日
任务总结阶段	1. 掌握了哪些技能（知识）。 2. 是否完成了预先制定的目标？			

3. 任务实施过程中的收获及经验教训。

【资料拓展】

低压配电及照明系统故障处理程序

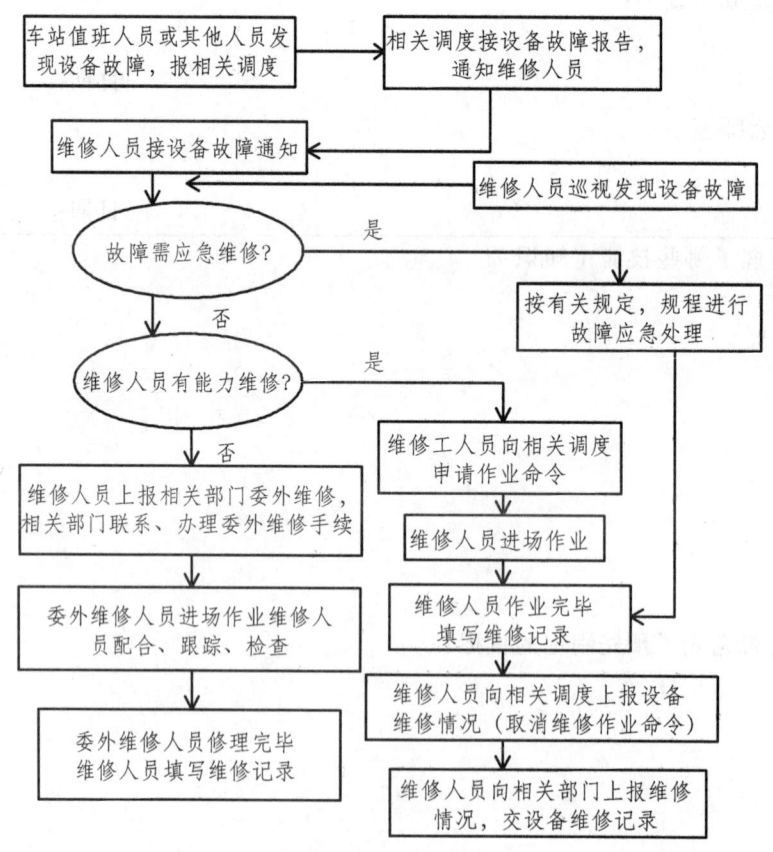

任务二　防淹门系统

班级		学习小组	
姓名		参考学时	

【实践性工作任务描述】
　　城市轨道交通站务人员一般在车站站厅、站台担任服务岗位，需熟练掌握车站设备的功能，本工作任务的设计旨在提高学生对防淹门的认知，提高学生的动手实践能力。

【知识技能要求】
1. 了解防淹门的工作原理。
2. 掌握防淹门的组成及功能。
3. 掌握防淹门的形式分类。

资讯准备阶段：知识储备&任务描述

【基础知识储备】
1. 结合实际列举出国内哪些城市需要设置防淹门。

2. 简述防淹门的作用。

3. 简述防淹门系统主要由哪两部分构成，各自有哪些功能。

4. 简述防淹门有哪两种设计形式，各自的特点是什么。

5. 简述当隧道发生积水时，防淹门控制系统的工作过程。

【任务描述】

防淹门系统。

（一）任务描述

9月6日，某地铁2号线因隧道破裂导致隧道内进水，当检测到隧道内水位线上升后，安装在隧道洞口处的防淹门接收到信号后，自动紧急关闭，以防事故扩大。车控室内行车值班员接收到防淹门关闭的信号后，迅速与相关负责人取得联系，相关负责人成立临时预案小组进行事故排查及解决。

（二）任务要求

1. 查阅各城市轨道交通车站防淹门系统的设计，结合设置防淹门系统的车站特点回答问题。

2. 该任务以问题答辩的方式进行，各小组成员按照自己所查询的资料提供相关解决方案。

3. 通过此次任务练习，让学生加深对防淹门系统的认知，将书本知识与实际问题

	有效结合起来。 4. 注重考查学生是否对知识灵活运用及小组成员间的配合。 （三）实训条件 1. 任务演示过程在实训基地完成，演示环节涉及的主要内容有： （1）设备及场地：车控室、防淹门系统模型、对讲机等。 （2）人员安排：4~6名学生一组。 2. 考核评价。 依据考核评价表中内容进行考核。
计划决策阶段：任务实施与方案制定	【信息查阅及资源获取】 1. 参考《城市轨道交通车站设备》中与车站机电设备相关的章节内容。 2. 参考《城市轨道交通防淹门系统设计》中的相关内容。 3. 浏览地铁官方网站，熟悉地铁车站防淹门的相关规定。 【教师任务指导方向】 1. 通过"基础知识储备"学习本任务应掌握的知识要点。 2. 城市轨道交通防淹门系统的组成及各部分功能。 3. 城市轨道交通防淹门系统的应用。 【学生任务方案制定】 以小组为单位，根据工作页上的提示完善表格（包含岗位、处理步骤、使用工具、标准用语等）。 小组成员分工表 | 厅巡岗 | 站台岗 | 票务岗 | 值班员（行值/客值） | 值站 | 站长 | |---|---|---|---|---|---| | | | | | | | 车站岗位职责内容描述 | 厅巡岗 | | |---|---| | 站台岗 | | | 票务岗 | | | 行车值班员 | | | 客运值班员 | | | 值站 | | | 站长 | |
任务实施	【实施要求】 根据讨论的结果并完成淹门任务的演练，小组选派代表阐述本小组的设计思路、要点。阐述完后，小组成员共同协作，完成此次任务。 小组阐述时，其余各组认真听讲并做好记录，各小组依次汇报。

阶段		
检查评价阶段	时间：_____ 地点：_____ 实施过程注意事项：_____ 实施过程记录另附。	
	通过个人工作页的完成情况，及任务成果的小组展示，完成本次学习任务的检查与评价，具体考核标准参照考核表。	

防淹门系统任务考核评价表

【考核目标】
1. 了解防淹门系统的结构及工作原理。
2. 了解防淹门系统的主要设备功能。
3. 掌握防淹门系统的作用。

考核项目		考核标准	分值	自评 20%	互评 30%	师评 50%
专业能力	防淹门系统	1. 是否熟悉防淹门系统的组成	10			
		2. 是否熟悉防淹门系统的功能	10			
		3. 是否掌握防淹门系统关闭的汇报流程	10			
		4. 是否熟悉防淹门系统的使用	10			
		5. 是否掌握防淹门系统的工作原理	10			
	岗位职责	1. 是否熟悉防淹门系统紧急关闭的应急处理流程	10			
		2. 是否熟悉防淹门系统紧急关闭时，各岗位工作职责	10			
职业素养能力	人际沟通能力	是否具备站务人员与他人沟通交流的能力	10			
	团队合作能力	是否具备团队合作意识，是否与他人合作良好	10			
	地铁服务意识	安全、准确、高效率、重服务品质的服务意识，严谨、认真、细致的职业素质	10			
合计						

小组讨论并总结：

	指导老师评价：			
	任务完成人签字：			
		日期：	年 月	日
	指导老师签字：			
		日期：	年 月	日
任务总结阶段	1. 掌握了哪些技能（知识）。 2. 是否完成了预先制定的目标？ 3. 任务实施过程中的收获及经验教训。			

任务三　站台安全门系统概述

班级		学习小组	
姓名		参考学时	

【实践性工作任务描述】

　　站台安全门，是安装在地铁站台上的一种专门装置。它在站台边缘以玻璃幕墙的形式包围站台，使站台与轨道和行车区域隔离。当列车到达时，再通过控制系统开启玻璃幕墙上的电动门，供乘客上下列车。车站站务人员一般在车站站厅、站台担任服务岗位，需了解安全门基本组成部分和原理，熟悉安全门在地铁运行中的作用。在站台区域工作时，巡视岗主要负责车站管理范围内的巡视和秩序维持，需要具备熟练操作安全门的岗位技能。

【知识技能要求】

1. 了解站台安全门组成部分。
2. 了解安全门的工作原理。
3. 熟悉安全门在地铁运行中的作用。

资讯准备阶段：知识储备&任务描述

【基础知识储备】

1. 简述站台安全门系统的门体种类。

2. 站台安全门系统控制级别由高到低依次为？

3. 简述城市轨道交通站台安全门的主要作用。

4. 简述安全门系统的基本设计原则。

【任务描述】

探究安全门系统正常运行模式。

(一) 任务描述

站台安全门，是安装在地铁站台上的一种专门装置。它在站台边缘以玻璃幕墙的形式包围站台，使站台与轨道和行车区域隔离。当列车到达时，再通过控制系统开启玻璃幕墙上的电动门，供乘客上下列车。安全门系统有三级控制方式，在正常运行模式下为系统级控制，信号系统直接对站台门进行控制。请各小组探究安全门系统在此控制方式下的工作原理。

要求：提交系统级控制下站台安全门开门流程图、系统级控制下站台安全门关门流程图。

(二) 实践规则

1. 分组进行城市轨道交通地铁车站实地调研，重点观察安全门结构、布置位置及工作原理。

(1) 设备及场地：轨道交通实训基地、城市轨道交通车站安全门。

(2) 人员安排：2名学生一组。

	2. 考核评价 依据考核评价表中内容进行考核。
计划决策阶段：任务实施与方案制定	【信息查阅及资源获取】 1. 参考《城市轨道交通车站设备》中的相关内容。 2. 参照《地铁设计规范》（GB 50157—2013）中的相关内容 【教师任务指导方向】 1. 通过"基础知识储备"学习本任务应掌握的知识要点。 2. 城市轨道交通安全门的组成部分及工作原理。 3. 城市轨道交通安全门在车站运营中的应用。 【学生任务方案制定】 以小组为单位，在掌握城市轨道交通安全门的组成部分及工作原理的基础上，根据工作页上提示，进行地铁车站实地调研，观察各车站安全门结构、布置位置及工作原理。根据观察到的情况，小组讨论分析并绘制系统级控制下站台安全门开门、关门流程图。 典型车站选择： | 小组成员分工表 ||||||
---	---	---	---	---	---
厅巡岗	站台岗	票务岗	值班员（行值/客值）	值站	站长
车站岗位职责内容描述						
厅巡岗					
站台岗					
票务岗					
行车值班员					
客运值班员					
值站					
站长					
任务实施阶段	【实施要求】 ppt展示本小组调研报告，根据调研报告和绘制流程图，小组选派代表阐述本小组的成果。 小组阐述时，其余各组认真听讲并做好记录，各小组依次汇报。 时间：_____　　　　　　　地点：_____ 实施过程注意事项：_____ 实施过程记录另附。

	通过个人工作页的完成情况,及任务成果的小组展示,完成本次学习任务的检查与评价,具体考核标准参照考核表。
检查评价阶段	**探究安全门系统正常运行模式任务考核评价表** 【考核目标】 1. 了解安全门的结构及工作原理。 2. 了解安全门的作用。 3. 掌握安全门的基本操作。

	考核项目	考核标准	分值	自评 20%	互评 30%	师评 50%
专业能力	安全门操作	1. 是否正确掌握安全门开门流程	15			
		2. 是否正确掌握安全门关门流程	15			
		3. 是否掌握安全门开门手势及用语	15			
		4. 是否掌握安全门关门手势及用语	15			
		5. 是否正确掌握隔离开关的使用	10			
职业素养能力	人际沟通能力	是否具备站务人员与他人沟通交流的能力	10			
	团队合作能力	是否具备团队合作意识,是否与他人合作良好	10			
	地铁服务意识	安全、准确、高效率、重服务品质的服务意识,严谨、认真、细致的职业素质	10			
合计						

小组讨论并总结:

指导老师评价:

任务完成人签字:

日期:　　年　月　日

指导老师签字:

日期:　　年　月　日

任务总结阶段	1. 掌握了哪些技能（知识）。 2. 是否完成了预先制定的目标？ 3. 任务实施过程中的收获及经验教训。

【资料拓展】

屏蔽门的分类

近几年城市轨道交通新线，从站厅层到站台层最引人注目的就是屏蔽门或安全门。从封闭形式上可将屏蔽门分为闭式屏蔽门和开式屏蔽门两种类型。开式屏蔽门即安全门，又有全高和半高两种形式。

（一）闭式屏蔽门（又称"全高闭式屏蔽门"）

一般用于地下站台，除具有保证乘客安全的作用外，还具有隔断区间隧道内气流与车站内空调环境之间的冷热气流交换的功能，所以要求屏蔽门的气密性良好，这样才能使车站与区间的热交换减小到最低程度，达到节能的目的。这种结构多用于设有空调系统的站台。

（二）开式屏蔽门（又称"安全门"）

全高开式屏蔽门：门体结构超过人体高度，门体顶部距离站厅顶面之间有一段不封闭空间，不具有密封性能的轨道交通站台安全门与闭式屏蔽门系统相比较，两者的结构形式基本相同，可以比较容易地升级为闭式屏蔽门。

半高开式屏蔽门：主要的作用是保证乘客的安全，高度一般为 1.2~1.5 m，由于它不能完全隔绝风和噪声对乘客的影响，主要目的是保障候车乘客的安全，这种结构多用在地面站台或高架站台。

任务四　安全门的日常操作及应急事故处理方法

班级		学习小组	
姓名		参考学时	

【实践性工作任务描述】

　　地铁安全门在越来越多的在地铁线路中被安装和投入运营，故障处理工作是其运营管理最重要的部分之一。地铁最大的特点是准时、快捷，安全门系统的使用不能影响地铁的运营计划或延迟列车在车站的发车时间，安全门的故障处理工作是相当重要的。本任务全面分析安全门的各种控制方式的工作特点及操作方式，列举安全门的常见故障现象及处理办法，明确各岗位工作人员的行动，快速及时地处理故障，保障地铁的正常运营。使学生具备正确操作安全门的岗位技能。

【知识技能要求】

1. 掌握安全门的操作方式。
2. 掌握安全门的常见故障。
3. 了解安全门系统级、站台级故障的分析流程。
4. 掌握安全门故障的应急处理流程。

资讯准备阶段：知识储备&任务描述

【基础知识储备】

1. 简述站台安全门各个钥匙的功能。（见图）

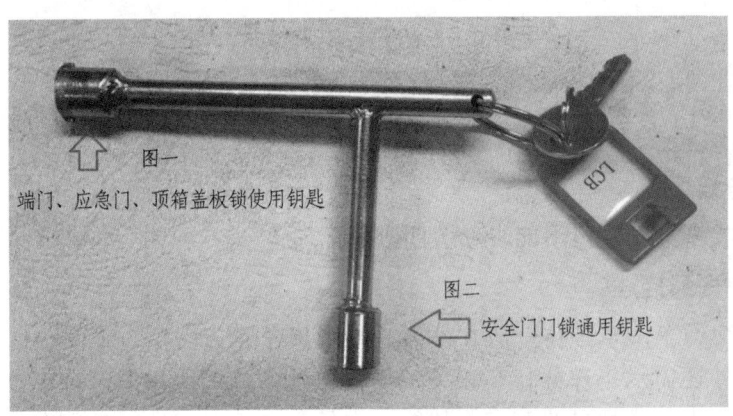

2. 安全门出现故障的情况主要有哪些？

3. 简述安全门操作时的需注意的"四个三"原则。

4. 简述开关端门的步骤。

5. 绘制单个或多个安全门不能自动打开／关闭时的处理流程图。

【任务描述】
单个或多个安全门不能自动关闭处理。
（一）任务描述

轨道交通车站站务员一般在站厅、站台担任服务岗位，在站台区域工作室，除服务性工作外还需承担部分行车相关工作，需具备熟练操作站台行车设备、工具和器具的能力以及人工排列进路等工作技能。本任务主要介绍站务员行车相关职责。通过本任务的学习学生能够在安全门发生故障时，先快速做初步处理，尽量让列车恢复运行，之后再处理和维修，以确保列车准点运行。

2017年3月27日上午8时40分，某市地铁1号线某某站下行线站台1扇屏蔽门未随车门一起正常关闭，站台列车不能动车出站，为了减少对运营的影响，请车站工作人员快速按照规范程序进行处理，恢复通车。

（二）任务要求

	1. 查阅各城市轨道交通安全门的管理规定，按照其规定进行操作。 2. 实训过程应在具有安全门设备的实训室或仿真实训室内进行。 3. 通过此次任务练习，让学生熟悉安全门突发应急事件的操作方法。 4. 注重考查学生是否对知识灵活运用、学生对相关的岗位职责的掌握程度，安全门设备故障下的应急预案处理流程。 （三）实践指导 1. 任务演示过程在轨道交通学院实训场地完成，人员安排方面，以 4~6 名学生为一组。 2. 考核评价。 依据考核评价表中内容进行考核。
计划决策阶段：任务实施与方案制定	【信息查阅及资源获取】 1. 参考《城市轨道交通车站设备》中与车站站台安全门相关的内容。 2. 参考《地铁站安全门事故处理》中的内容。 3. 观看安全门操作视频。 【教师任务指导方向】 1. 通过"基础知识储备"学习本任务应掌握的知识要点。 2. 城市轨道交通安全门组成及各部分工作原理。 3. 城市轨道交通安全门正常与非正常情况下的操作流程。 4. 带领学生熟悉进行任务的实训场地与工具设备：端门、滑动门、顶箱盖板锁钥匙等。 【学生任务方案制定】 以小组为单位，根据工作页上的提示完善表格（包含岗位、处理步骤、使用工具、标准用语等）。 小组成员分工表 | 厅巡岗	站台岗	票务岗	值班员（行值/客值）	值站	站长
---	---	---	---	---	---
					| 车站岗位职责内容描述 |	
厅巡岗	
站台岗	
票务岗	
行车值班员	
客运值班员	
值站	
站长		

任务实施阶段	【实施要求】 ppt展示本小组调研报告，根据调研报告和绘制流程图，小组选派代表阐述本小组的成果。 小组阐述时，其余各组认真听讲并做好记录，各小组依次汇报。 时间：　　　　　　　　　地点：＿＿＿＿＿＿＿＿ 实施过程注意事项：＿＿＿＿＿＿＿＿＿＿＿＿＿＿＿＿＿＿＿＿ 实施过程记录另附。
检查评价阶段	通过个人工作页的完成情况，及任务成果的小组展示，完成本次学习任务的检查与评价，具体考核标准参照考核表。

安全门应急事故处理考核评价表

【考核目标】
1. 熟悉安全门的结构组成及功能。
2. 熟练掌握安全门故障处理流程。
3. 具备扎实的基础知识和良好的职业素养。

考核项目		考核标准	分值	自评 20%	互评 30%	师评 50%
专业能力	安全门的钥匙	1. 是否正确开启和关闭安全门	10			
		2. 是否熟悉安全门各钥匙的功能	10			
	安全门的结构及功能	1. 是否熟悉安全门的内部结构模块	10			
		2. 是否熟悉安全门的各个门体功能	10			
		3. 是否熟悉安全门隔离操作	10			
		4. 操作隔离后重新恢复通车是否符合规定，有无违规操作	10			
	应急处理	1. 发现安全门故障后，是否按照安全门故障上报流程进行上报及处理	10			
		2. 处理是否及时	5			
		3. 是否熟悉站务人员的相关岗位职责	10			
职业素养能力	人际沟通能力	是否具备站务人员与他人沟通交流的能力	5			
	团队合作能力	是否具备团队合作意识，是否与他人合作良好	5			
	地铁服务意识	安全、准确、高效率、重服务品质的服务意识，严谨、认真、细致的职业素质	5			
合计						

	小组讨论并总结：	
	指导老师评价：	
	任务完成人签字： 指导老师签字：	日期：　　年　月　日 日期：　　年　月　日
任务总结阶段	1. 掌握了哪些技能（知识）。 2. 是否完成了预先制定的目标？ 3. 任务实施过程中的收获及经验教训。	

参考资料

[1] 姜家吉. 城市轨道交通车站设备[M]. 北京：中央广播电视大学出版社，2010.
[2] 王晓飞，黄健中. 城市轨道交通车站设备[M]. 合肥：中国科学技术大学出版社，2014.
[3] 钟艺，余振. 城市轨道交通车站设备[M]. 成都：西南交通大学出版社，2015.
[4] 张莹，吴冰. 城市轨道交通车站设备[M]. 北京：电子工业出版社，2011.
[5] 邱薇华，谭晓春，谭复兴. 城市轨道交通车站设备[M]. 北京：中国铁道出版社，2012.
[6] 仇海兵. 城市轨道交通车站设备[M]. 北京：人民交通出版社，2011.